Welt der Trance

Günter Spitzing

Günter Spitzing

Welt der Trance

Vom Sinn der Ekstase: Bali - Südindien - Brasilien

Bibliografische Information der Deutschen Nationalbibliothek
Die Deutsche Nationalbibliothek verzeichnet diese Publikation in der Deutschen Nationalbibliografie; detaillierte bibliografische Daten sind im Internet über http://dnb.d-nb.de abrufbar.

Umschlagabbildung Vorderseite:
Nordbali Meerestempel Pulaki. Sie tanzt den Begrüßungstanz für die Gottheit, den Pendet. Dabei ist sie in tiefe Trance gefallen.
Intensiv empfundener Tanz entwickelt sich gar nicht so selten zu Trance.

Innentittel Bild 1:
Pangurek (Kristänzer) in Tenganan, Bali. Während eines Tempelrituals richtet er im Zustand der Trance die Spitze seines Kris (Malaiendolch) gegen seine Brust und versucht sich zu stechen. Der Dolch kann jedoch nicht in die verspannte Brust eindringen. Es entstehen keine Verletzungen und der Kristänzer erleidet auch keine Schmerzen.

Alle Abbildungen: Günter Spitzing

Copyright Shaker Media 2017
Alle Rechte, auch das des auszugsweisen Nachdruckes, der auszugsweisen oder vollständigen Wiedergabe, der Speicherung in Datenverarbeitungsanlagen und der Übersetzung, vorbehalten.

Printed in Germany.

ISBN 978-3-95631-548-0

Shaker Media GmbH • Postfach 101818 • 52018 Aachen
Telefon: 02407 / 95964 - 0 • Telefax: 02407 / 95964 - 9
Internet: www.shaker-media.de • E-Mail: info@shaker-media.de

Inhaltsverzeichnis

Vorwort: Dreimal „Denkste". 9

Das wird als Trance bezeichnet 11

    Verengung und Ergriffenheit 11

    Die Weltsicht der westlichen Zivilisation ist nicht die einzige . . 16

    In welchem Zusammenhang ereignet sich tiefe Trance? 19

Spielarten der Trance .20

    Leichte Trance – Entrücktheit (Selbstversunkenheit), ... 21

    Trancetanz 28

    Tiefe Trance – Ergriffenheitsekstase 33

    Fremdinduzierte Trance. 34

    Selbstinduzierte Trance 39

    Trance und Schamanismus 40

    Trancehaltungen und Visionen 45

    Trance und Sexualität 50

    Neurologie setzt sich mit pathologischen Trance- und Besessenheitszuständen auseinander. 52

Trance weltweit 56

    Trance in Bali 56

Die Gottheit badet im Meer	56
Die Mutterleib-Höhle	60
Schwarz und Weiß, die Urgegensätze, die eins sind	63
Weissagungen mit den Stimmen der Ahnen	67
Der Barong kämpft mit der Rangda	69
Schattenspiel-Ekstase	72
Aus Made spricht sein Vater	73
Heilerinnen und Heiler	76
Entsprechung Mikrokosmos Makrokosmos	78
Trance in Indien bei einer Adivasi-Gruppe	**80**
Shanjivi – Sozialarbeiterin und Sprachrohr der Gottheit	81
Das Adimasam-Fest	84
Trance im Spiel	93
Kundige	96
Trance in Südamerika: Candomblé	**100**
Der Candomblé-Tempel in Berlin	100
Ritual für Orixá Yansã in Berlin	102
Interview mit Babalorixá Muralesimbe	106
Universale Verbreitung von Trance	**111**
Verbreitung von heftiger Trance	111
Trance im Juden- und Christentum	113
Trance im „Neoschamanismus" – schamanische Revival Bewegung	116
Transkulturalität	121

**Zusammenfassung und Folgerungen:
Die Wirkung von Trance** **123**

    Was mir persönlich Trance bedeutet 123

    Gemeinsamkeiten. 125

    Heilende und vorbeugende Wirkung der Trance 129

    Trance als Bestandteil von Heilsystemen 130

    Blick in die Zukunft 133

Anhang **135**

    Glossar 135

        Allgemein. 135

        Bali. 140

        Indien 145

        Afrobrasilianischer Kult (Candomblé) 151

Stichwortverzeichnis. **159**

Literatur **163**

Websites. **165**

Vorwort:
Dreimal „Denkste"

\# Trance gilt allgemein als ein eher ausgefallenes und eher exotisches Phänomen. Denkste!
Doch das ist falsch gedacht. Trance in seinen unterschiedlichen Formen ist eine weltweit verbreitete Erscheinung. Deren Bedeutung wurde und wird zum Teil immer noch schwer unterschätzt.
\# Mit Trance haben wir hier im „zivilisierten Westen" nichts zu tun. Denkste!
Doch das ist falsch gedacht.
Wir alle kommen gelegentlich in eine Form von Trance. Nicht jeder fällt in eine intensive Trance, aber jeder gerät gelegentlich in eine leichte Form von Trance-Entrücktheit.
\# Trance ist ein eher seltsames Brauchtum, das keine besondere Bedeutung hat oder eine, die nicht recht einsichtig ist. Denkste!
Aber es ist falsch gedacht.
Die leichten Formen der Trance machen bestimmte lebenswichtige Zustände erst möglich. Schwere Trance kann heilsam wirken – auch dann, wenn andere Mittel versagen.

Wir befassen uns hier mit allen Aspekten der Trance. Den Schwerpunkt lege ich aber auf die intensiven Tranceereignisse. Und dies mit gutem Grunde. Ich habe sehr oft aus nächster Nähe Tranceereignisse in Bali, sowie in Indien unter Hindus und vor allem auch unter Adivasi erlebt. Wie Sie an den Abbildungen sehen, habe ich an intensiven Trancevorgängen in den genannten traditionellen Kulturen nicht nur teilnehmen, sondern sie auch fotografisch (und übrigens auch filmisch) dokumentieren können. Darüber hinaus habe ich afro-brasilianische Trance in einem Candomblè-Tempel in Berlin beobachten können. Dies alles hat mich tief beeindruckt und dazu geführt, dass ich u.a. auch in Trance Gefallene ausgiebig befragt habe, um herauszufinden, was an Sinn und die Bedeutung hinter dieser Form der Ekstase steckt.

Genau diese Frage ist aber das Thema dieses Buches. Es ist ein hochinteressantes Thema, denn Trance ist ein wichtiger Weg in einen veränderten Bewusstseinszustand (VBZ) zu gelangen, ohne dass auf Alkohol oder Drogen zurückgegriffen werden muss.

Das wird als Trance bezeichnet

Verengung und Ergriffenheit

Es gibt eine psychologische und die ethno-kulturelle Deutung von Trance. Wir neigen dazu, unseren Wachzustand, in dem wir bewusst weitestgehend unsere gesamte Umgebung erfassen, als den Normalzustand (Alltagsbewusstsein) anzusehen. Wenn wir aus diesem Zustand mehr oder minder herausgeraten oder herausfallen, also unsere Wahrnehmung auf bestimmte Teilbereiche unserer Umgebung reduzieren oder sie total ausschalten, dann geraten wir in einen „veränderten Bewusstseinszustand" (VBZ). Diese Zustände, zu denen Berauschtheit, Meditation, Tagtraum, Traum, ergriffene Begeisterung und besonders die Trance gehören, gehen in der Regel nach verhältnismäßig kurzer Zeit wieder in den Wachzustand über. Der Übergang zwischen Wachbewusstsein und verändertem Bewusstsein ist fließend.

Ist die bewusste Wahrnehmung stark eingeschränkt, aber die Konzentration auf einen kleinen Ausschnitt des wahrzunehmenden Umfeldes oder der eigenen Vorstellungswelt erhöht und zugleich die Ansprechbarkeit des Unbewussten intensiviert, dann haben wir es mit Trance zu tun. Die Wahrnehmung kann sowohl total ausgeschaltet sein (somnambule Trance) oder sich auf einen kleinen Ausschnitt der Umgebung hochgradig konzentrieren, so, dass dieser umfassender wahrgenommen wird und auch

Dinge aus der Tiefe herauf ans Licht gebracht werden, die dem Wachbewusstsein unzugänglich sind (luzide Trance). Die luzide Form kann im Gegensatz zur somnambulen auch mit Imaginationen und Auditionen, an die der Betroffene sich später noch erinnert, verbunden sein.

Was diese Aussage über die Trance anbelangt, sind sich sowohl westliche Wissenschaftler, wie auch Menschen in Kulturen, in denen intensive Trance kultiviert wird, einig. (Und dies ungeachtet der Tatsache, dass sich die Wissenschaft überhaupt nicht darüber einig ist, was eigentlich Bewusstsein, verändertes Bewusstsein und Alltagsbewusstsein ist.)
Mit der Einigkeit ist es jedoch rasch vorbei, wenn dann nachgefragt wird, wie denn Trance zustande kommt. Ebenso wenig ist man sich darüber einig, wie denn Trance zu bewerten sei.
Die moderne Psychologie sieht Trance an als eine Verengung des Bewusstseins. Die in Trance Versetzten picken sich sozusagen aus der gesamten wahrzunehmenden Umgebung allenfalls einen Bruchteil heraus, auf den sie sich konzentrieren. Mir drängt sich als Analogie das Beispiel einer jungen Frau auf, die in einer überfüllten S-Bahn sitzt, sich einen Kopfhörer überstülpt, Musik anstellt, und die Augen schließt. Sie hat ihre Wahrnehmung des Gewühls in der Bahn ausgeblendet und hört nur noch die Musik. Von der Trance unterscheidet sich das lediglich dadurch, dass die junge Frau das Ausblenden der Umgebung mechanisch vornimmt. Die echte Entrücktheit kommt schließlich dadurch zustande, dass der Vorgang des Abschaltens innerpsychisch verläuft: Wenn ich von der Innenstadt zu meiner Wohnung in Hamburg-Poppenbüttel fahre und dabei, wie ich es immer zu tun pflege, etwas lese, kommt es vor, dass ich mich derart in meine Lektüre versenke, dass ich versäume, in Ohlsdorf von der U-Bahn in die S-Bahn umzusteigen und mich plötzlich In Norderstedt wiederfinde. Das ist dann wirklich die Wirkung von Trance, genauer gesagt einer leichten Form davon.

Warum sich nun Trance in der Psyche ausbildet, darüber streiten sich ebenfalls die mehr oder weniger Gelehrten immer noch.
Früher wurde Trance von Psychologen und leider auch von Ethnologen außerordentlich abwertend behandelt. Trance lieferte eine wohl willkommene Begründung dafür, in typisch eurozentrischer Arroganz, die zahlreichen Ethnokulturen, in denen Mehrzahl Trance eine wichtige Rolle spielt, als kurios und der aufgeklärten Zivilisation unterlegen abzuwerten.

Erst die Arbeit von Mircea Eliade „Trance und archaische Ekstasetechnik" hat in den 50er Jahren eine allmähliche Wandlung eingeleitet.
Dennoch findet sich kaum ein Eintrag über Trance in der grundlegenden psychologischen Literatur (z. B.: „Oxford Companion to the Mind", 2004), wie Professor Torsten Passie betont (Lit.: 26:. „Randständigen Bedeutung der Trance im westlichen Kulturkreis.")

In den „Trance-Kulturen" selbst wird besonders tiefe Trance einhellig als Ergriffenheit durch Gottheiten oder andere Geistwesen verstanden. Trance ist in der Regel beabsichtigt (mit Ausnahme von pathologischen Formen der Trance S. 53). Die Götter und Geister werden gerufen, man wird sie dann aber auch wieder los. Lebhaftes Rufen allein kann schon dazu führen, dass Menschen ergriffen werden. Der Mensch hat seinen eigenen Willen aufgegeben. Ihn regiert das Geistwesen. Alle seine Bewegungen und Tätigkeiten sind davon gesteuert.

Bild 2 : Indien: Er trägt die Statue der Göttin Kali und umkreist damit einen kleinen Dorftempel in Tamil Nadu. Die anderen Teilnehmer des Tempelfestes folgen ihm. Er fällt in Trance.

Bild 3: Irular Fest Südindien: Die Trance endet damit, dass der Träger zusammenbricht. Er ist allerdings nicht allein, sondern wird von seinen Freunden liebevoll aufgefangen.

Das ist die Deutung, die in der ganzen Welt verbreitet ist, sowohl in Sibirien, in Süd- und Ostasien, in Afrika, in Nord- und Südamerika und zwar sowohl bei den Indianern als bei denen, die ursprünglich aus Afrika stammen.

Lediglich in der westlichen Zivilisation wird das anders gesehen. Das Verbreitungsgebiet dieser Zivilisation war ja auch zumindest seit der Aufklärung ein nahezu trancefreies Gebiet. Das beginnt sich allerdings allmählich wieder zu ändern.

Nach den Vorstellungen der meisten nicht westlichen Kulturen kann es also eine Gottheit sein, ein Dämon oder ein Ahnengeist, die den Menschen ergreifen. Westmenschen sehen es anders, wie schon ihre Sprache verrät: Für sie sind Menschen in diesem Zustand „außer sich", „abwesend" oder „weggetreten". Während im Osten der Ergriffene als erfüllt von etwas (einer Gottheit) gilt, sieht man ihn im Westen als entleert (vom bewussten Denken) an.

Wie verhält es sich aber nun wirklich? Bewirkt unsere eigene Psyche eine Verengung des Bewusstseins? Oder erleben die in Trance Versetzten eine Fremdbeseeltheit, durch ein Geistwesen, das die Herrschaft über ihre Körperfunktionen und über ihren Willen übernimmt?

Sie werden sich vermutlich auch die Frage stellen, wie ich denn als der Autor diese Frage beantworte. Und Sie haben auch durchaus ein Recht darauf, dass ich mich dazu klar äußere.

Ich stimme beiden Erklärungen zu. Das ist vielleicht etwas befremdlich für Menschen, die in einem Land leben, da immer noch gilt: „Dienst ist Dienst und Schnaps ist Schnaps." Aber ich habe in Asien gelernt, dass man durchaus gegensätzliche Erklärungen unverbunden nebeneinander bestehen lassen kann. Man weiß ja nie, ob die Gegensätze nicht doch eines Tages als zusammengehörig gesehen werden können.

Nimmt man jedoch an, dass im menschlichen Inneren etwas Göttliches mitschwingt, dann ist das Ergriffenwerden durch eine spirituelle Macht einerseits und die Steuerung einer solchen Erscheinung aus dem eigenen Inneren heraus andererseits, plötzlich kein Widerspruch mehr. Die spirituelle Macht kommt dann ja aus unserem Inneren. Und dies erscheint mir als wirklich plausibel.

Die Weltsicht der westlichen Zivilisation ist nicht die einzige

– und schon gar nicht die einzig gültige!
Aber ich möchte dazu noch etwas Grundsätzliches sagen: Es geht einfach nicht an, dass ich meine eigene, in dem Falle westliche Weltsicht, über alles stelle und die Ansicht in den vielen Kulturen, die wirklich davon betroffen sind, nicht respektiere.
Bei dem oben erwähnten Autor habe ich eine Aufstellung gefunden. Es wurden 488 über die gesamte Welt (mit Ausnahme von Mitteleuropa und Australien) verstreute indigene Kulturen untersucht. In 437 davon, das sind 89,6 Prozent, kamen besonders Trance und tranceähnliche Bewusstseins-Zustände in institutionalisierter Form vor. Da können wir uns doch, angesichts der Tatsache, dass die Trance in keinem Falle institutionalisiert in unseren Bräuchen und Riten vorkommt, nicht hinstellen und sagen, wir wissen es besser als alle die Vertreter jener Kulturen, in denen sie ausgeübt wird. Diese Hochnäsigkeit eines arroganten Wissenschaftsbetriebes ist mehr als ärgerlich.
Ich arbeite selbst wissenschaftlich und zwar gerne. Aber mir ist immer bewusst, dass Wissenschaft keine absoluten Ergebnisse bringt, sondern immer nur vorläufige, von denen ein großer Teil schon morgen revidiert sein wird. Und mir ist auch bewusst, dass wir uns nicht mit anderen Kulturen beschäftigen können, ohne deren Erklärungsmodelle ernst zu nehmen. Hinzu kommt, dass die Erklärungsmodelle aus den Ethnokulturen eben nicht wissenschaftlich sind, sondern mythisch. Schon deshalb darf man sie nicht bewertend einander gegenüberstellen. Die wissenschaftliche Erklärung entspringt dem Versuch, eine möglichst objektive Darstellung auf der Grundlage ausschließlich materieller Fakten zu liefern. Demgegenüber sind die mythischen Erklärungen das Ergebnis einer kulturell oder auch individuell geformten inneren Wirklichkeit (Lit.: Fotopsychologie 20).

Wenn wir's recht betrachten, ist es kein Wunder, dass Trance im Westen unterbewertet wird. Trance kommt in den Kulturen vor, die auf enge Verbindung alles Existierenden miteinander ausgerichtet sind. Unsere Zivilisation ist dagegen durch Isolierung allen Existierenden voneinander gekennzeichnet. Für uns ist es selbstverständlich, die Dinge voneinander zu trennen. Wir sind eine sezierende Zivilisation. Und wir stehen damit in einem – uns meist gar nicht bewussten – fundamentalen Gegensatz zur Mehrzahl der anderen Kulturen, denen daran gelegen ist, dass die Dinge ineinander aufgehen. Im Zustand der Trance wird aber nun die Abtrennung des Ichs aufgegeben. Nach traditioneller Auffassung verschmelze ich mit den außer mir existierenden Mächten. Das ist etwas, was der westliche Mensch nicht anstrebt, eher als Gefährdung seines Ichs ansieht. Deshalb hat der westliche Mensch wenig Zugang zu Trance und war auch – zumindest bisher – kaum daran interessiert, dass sie ausgeübt wird.

Diese Einschränkung „zumindest bisher" ist schon notwendig. Denn tatsächlich gibt es inzwischen Bewegungen, die zwar ganz beachtlich sind, aber doch noch Minderheiten darstellen. Diese zeichnen sich dadurch aus, dass sie der Trance eine ganz große Bedeutung zumessen und sie auch ausüben. Dazu gehören die westlichen Anhänger der Candomblé-Religion, über die später noch zu sprechen sein wird. Dazu gehören auch, und das wird Sie vielleicht verwundern, die Menschen, die sich als Hexen von heute verstehen. Sie betrachten die Neuhexenbewegung nicht als Religion. Ihr Ziel ist es, sich zwischen den Welten zu bewegen, zwischen der sichtbaren Welt des Materiellen und der unsichtbaren Welt des Geistes. Sie benutzen Trance, um mit der anderen Welt, die man nicht sehen, wohl aber empfinden kann, in Kontakt zu treten. Dies ist ein sehr ernsthaftes Bestreben, weit weniger abenteuerlich, als es auf den ersten Blick erscheinen mag.

Ich denke, dass es schon sinnvoll ist, darüber nachzudenken, welche Weltsicht vorzuziehen ist: die der Einheit alles Seienden oder die des Isoliert-Seins von allem, was uns umgibt!?
Die westliche Auffassung der Isoliertheit, nach der einem Sonne, Mond und Sterne, Tiere, Blumen, Menschen und auch Gott als das jeweils andere, unserem eigenen Wesen fremde gegenüberstehen, hat zum Konkurrenzdenken geführt, das wiederum die Triebfeder unseres Wirtschaftssystems darstellt. Dass aber dieses auf ständiges Wachstum ausgerichtete System uns über kurz oder lang in die Katastrophe führt und wir es daher dringend ändern müssen, darüber sind sich doch heute (fast) alle einig!
So liegt es doch nahe, die bisherige eigene Weltsicht aufzugeben und zu versuchen, sich die Sicht der Zusammenschau aller Dinge anzueignen.

Das ist nicht einfach, wie ich weiß, da ich selbst versuche, diese durchaus neue und ungewohnte Sicht anzunehmen. Es ist schon anstrengend!

Bild 4: Beginnende Trance während eines Festes der Irular Adivasi.

In welchem Zusammenhang ereignet sich tiefe Trance?

Die tiefe Trance der Ethnokulturen kommt so gut wie ausschließlich in religiösem Zusammenhang vor. Außerdem tritt sie noch während inniger Liebe auf. Trance kann den Verschmelzungsprozess des Ichs mit dem Du begleiten. Religion entspringt aber nun ebenfalls der Sehnsucht nach Verschmelzung – in diesem Fall der des Ichs mit dem Unsagbaren, dem Universalen.
Der Einwand, dass doch bei uns auch Musik, Tanz und Gesang Anlässe für Trance bilden, sticht nicht. Denn Musik, Gesang und Tanz stehen eben in den Ethnokulturen in der Regel auch im Dienste ausgeübter Religiosität. Das gilt übrigens auch für das Drama: In Bali findet das Pantomimenspiel Wayang Topeng, das Wayang Wong (Schauspiel ohne Maske) und das Schattenspiel Wayang Kulit ausschließlich während eines Tempelfestes oder anlässlich sonstiger religiöser Rituale statt. Häufig ereignet sich dabei Trance. Das gilt besonders für das Drama Calon Arang, das zur Abwehr von schwarzmagisch erzeugen Seuchen dient. (Seite 69!) Trance gehört dabei unabdingbar zum Drama.

Weitere Anlässe und zugleich Auslöser für Trance sind u. a.:
+ rituelle Heilverfahren;
+ Voraussagen und Orakel (Divinationen);
+ Rituale zur Initiation und Übergangsrituale, wie Einführungen in die Erwachsenenwelt, Hochzeiten usw. (rites de passages);
+ Bezeugung der Anwesenheit einer Gottheit, etwa bei Festen;
+ schamanische Betreuung (Seelenflug)

In der Mehrzahl aller Kulturen ist Trance eine durchaus übliche Erscheinung, die eine regulierende Funktion für den Zusammenhalt der Gruppe, aber auch für die psychische und physische Gesundheit des Einzelnen hat.

Spielarten der Trance

Erscheinungen von Trance:
In Trance Gefallene, wie ich sie in Indonesien und auch in Indien beobachten konnte, mögen
+ zittern, erschauern,
+ stöhnen, herumschreien, weinen, klagen,
+ herumtoben, kämpfen,
+ spontan tanzen,
+ auffällige Emotionen zeigen, die in der jeweiligen Kultur sonst nicht zur Schau gestellt werden.
+ Sich als eine andere Wesenheit gebärden (z. B. als Gottheit).
+ Sich in Tiergestalt versetzen, d. h. Bewegungen und Gebärden eines Tieres übernehmen.
+ Sich selbst mit Waffen angreifen, ohne sich dabei zu verletzen.
+ Mit anderer Stimme sprechen, weissagen.
+ Krankheiten austreiben.
+ Visionen und Auditionen (Gesichte) schauen und hören.
+ Rohes Fleisch, unreife Früchte oder anderes an sich Ungenießbares herunter schlingen.
+ Sich unempfindlich gegenüber Feuer, spitzen oder scharfen Gegenständen erweisen.
+ Manche sollen in diesem Zustand übermenschlich Leistungen vollbringen. Ich selbst habe das allerdings noch nicht beobachten können.

Leichte Trance – Entrücktheit (Selbstversunkenheit),

Trancezustände stellen immer eine Beschränkung der Konzentration auf wenige Ausschnitte oder gar nur ein einziges Segment (Monoideismus) der den Sinnen angebotenen Umgebung dar. Das ist das ihnen gemeinsame. Aber die Zustände unterscheiden sich durch ihre Tiefe. Es liegen verschiedene Vorschläge zur Unterteilung unterschiedlicher Trancezustände vor. Sie reichen von 3 bis zu 50 von Definitionsfanatikern beschriebenen Stufen. In unserem Falle dürfte es genügen, sich auf die beiden Stufen leichte und schwere Trance zu beschränken.

Leichte Trance erlebt jeder und zwar häufig. Es ist das, was literarisch etwa so beschrieben wird:
„Er ist mit seinen Gedanken woanders."
„Sie war mit ihren Gedanken abwesend."
„Sie träumen vor sich hin."

Leichte Trance ist ein Zustand des Entrücktseins, der Versunkenheit in sich selbst, der durchaus nicht immer selbst bemerkt wird.

> **>Ich möchte hier einwerfen, dass sich Unerfahrene schwer damit tun, leichte bis mittelschwere Trance überhaupt wahrzunehmen.<**

So was in der Art haben Sie sicher auch schon erlebt:
Ich drücke noch die Schulbank. Der Pädagoge erklärt uns eine mathematische Formel. Ich kenne die schon in- und auswendig und finde das langweilig oder aber ich verstehe das Ganze überhaupt nicht und kann den Ausführungen nicht folgen. Das finde ich ebenfalls langweilig. Und mit einem Mal wandern meine Gedanken ganz weit weg, beispielsweise in den wilden Westen, wo ich Old Shatterhand aus einem für ihn aussichtslosen Kampf mit hinterhältigen Pistoleros heraushaue.

Während der Hungerzeiten im Krieg und in der Nachkriegszeit, war es dann eher ein imaginäres Stück Torte, das meine Sinne gefesselt hat. Als diese Zeiten vorbei und ich etwas älter geworden war, hat mein inneres Auge sich vor allem der hübschen ... Na – Näheres über meine damaligen Innenbilder möchte ich hier lieber nicht verraten! Solche Situationen können Sie sicherlich aus eigenem Erleben nachvollziehen. Und genau in diesen Situationen geraten Sie dann zwar nicht willentlich, aber auch nicht direkt unwillentlich in eine leichte Trance.

Sind wir in ein Schauspiel oder in ein Fernsehstück vertieft oder von einem Buch gefesselt, durchleben wir ebenfalls eine Trance, bei dem wir uns auf den jeweils dargebotenen Ausschnitt unserer Wirklichkeit beschränken und konzentrieren. Das Lesen ist deshalb besonders interessant und wertvoll, weil dabei zusätzlich noch die Umsetzung von Zeichen in phantasierte Innenbilder erfolgt.

Jetzt stellen Sie sich noch Folgendes vor: Sie sitzen an ihrem Schreibtisch. Gegenüber wird eine Baustelle eröffnet. Ein Presslufthammer beginnt zu rattern. Der Krach will gar nicht mehr aufhören. Aber irgendwann kommt dann der Augenblick, da haben Sie sich völlig auf Ihre Arbeit konzentriert und hören das Gerät nicht mehr. Ihr Bewusstsein hat sich im Hinblick auf das Pressluftmonster abgeschaltet. Auch das ist eine leichte Form von Trance.

Oder Sie fahren längere Zeit auf der Autobahn vor sich hin. Es ist nicht besonders viel los. In dieser eintönigen Situation schweifen ihre Gedanken ab. Sie steuern den Wagen voll verantwortlich, aber sie nehmen nicht mehr wahr, dass Sie fahren.

Das ist Trance. Sie ist auch im letztgenannten Fall nicht gefährlich, weil jede kritische Situation doch durch die Trance hindurch in ihr Bewusstsein knallt. Sie reagieren richtig. Das Bewusstsein war in solchen Fällen abgeschaltet. Das Unbewusste hat gleichzeitig alles voll unter Kontrolle. Es schaltet sofort das Bewusstsein wieder ein, sobald das nötig ist.

Kreatives Arbeiten gleitet oft in eine die Außenwelt ausschließende Konzentration ab, beschränkt auf das, was gerade getan wird. Ich zitiere zwei Stellen aus dem Roman „Der Duft der Farben" von Preethi Nair:

„Was fühlst Du, wenn Du spielst", fragte ich.

„Dass es nur mich und die Gitarre gibt. Der Rest der Welt existiert nicht mehr."

„Wenn ich male, bin ich eigentlich nicht anwesend. Ich weiß nicht, wie ich das erklären soll. In dieser Zeit habe ich Zugang zu Teilen meines

Selbst, von deren Existenz ich bisher nichts geahnt habe. Nur dann spüre ich, dass mein Ego völlig ausgelöscht wird. In diesen Momenten geht es nur ums Malen. Sonst gibt es nichts mehr."

Auch mir als Autor sind solche Momente vertraut. Man schreibt dann wie besessen einen Text herunter. Und wenn ich den später kontrolliere, sehe ich, dass es eigentlich immer sehr gut ist und kaum einer Korrektur bedarf. Natürlich – mich als Sachbuchschreiber überkommen solche Phasen nur gelegentlich. Romanautoren werden viel häufiger und anhaltender von solchen Anfällen an Schreibwut übermannt. Ein besonderes Talent war in dieser Hinsicht Karl May. Im Karl May Verlag in Bamberg hat man mir Manuskripte gezeigt, hintereinander weg geschrieben ohne Korrektur und fast ohne Fehler. So was geht nur, wenn in Trance die Tagträume, von denen man besessen ist, unmittelbar in die Feder fließen.

Die bisher geschilderten Trancezustände beeinflussen Wahrnehmung, Vorstellung und Denken.

Kommen wir nun aber zur Trance, die Bewegungen auslöst. Das ist natürlich dann schon eine neue Qualität.

Es gibt Dinge und Erlebnisse, die uns magisch anziehen und doch zugleich ein mitunter starkes Erschauern auslösen. Es ist eine Empfindung des Numinosen (des Heiligen im christlichen Zusammenhang). Ausgelöst werden kann es durch überwältigende Landschaften, Kunstwerke, auch durch besondere Menschen oder herausragende Ereignisse.

Die Konzentration auf so etwas kann einen völlig aus der Fassung bringen. Man beginnt intensiv zu zittern. Eine junge Frau, nennen wie sie mal, um diskret zu bleiben, Babette, hat mir davon erzählt. Sie war alleine unterwegs, ist in den Bergen herumgewandert und dabei auf eine wunderschöne Landschaft gestoßen. Eine Gestimmtheit von Ehrfurcht hat sie ergriffen und sie hat begonnen zu beten. Und plötzlich überkam sie das Gefühl der Verbundenheit, sowohl mit der Natur, als auch mit dem Göttlichen und das löste in ihr einen heftigen Zitterkrampf aus, der sich mehrfach wiederholte. Schließlich vermochte sie ihren Weg, erfüllt von großer Freude und Dankbarkeit, fortzusetzen. Sie fühlte sich rund herum glücklich.

Bild 5: Balian taksu, Trancemedium, lebt in Celuk, Bali. Er wird von einer Gottheit ergriffen und treibt in diesem Zustand Krankheiten aus.

Ich bin gerade, da ich dies schreibe auf Aighina. Von meiner Terrasse aus überblicke ich im Westen einen Meeresarm des Saronischen Golfes, jenseits davon eine Bergkette der Peloponnes. Gerade heute bin ich sehr früh aufgewacht, doch die Morgendämmerung hat bereits bläulich eingesetzt. Ich trete auf die Terrasse hinaus. Mir gegenüber steht dicht über den Bergen die übergroße Scheibe des vollen Mondes strahlend in warmen rötlichem Gelb. Fasziniert lasse ich meine Augen darauf ruhen, bis sie hinter dem Bergrücken verschwunden ist. Ein solches Erlebnis ergreift einen, stimmt andächtig. Man fühlt sich eins mit Selene, dem Gestirn der Nacht, mit Bergen und Meer, mit der späten Eule, die zu ihrem Schlafbaum flattert und mit den frühen Tauben die ihre Guru-Guru-Rufe hintereinander fädeln. Dieser Anblick muss natürlich nicht, aber kann ein Erbeben in Trance auslösen. Und die Wahrscheinlichkeit, dass genau das passiert, ist groß.

So sieht eine leichte Trance aus. Doch können solche Zitteranfälle unterschiedlich heftig sein. Ich saß in Bali mit anderen zusammen in einer Höhle, in der eine Zeremonie abgehalten wurde. Plötzlich schnellte der Mann, der links von mir hockte in die Höhe. Ihn überkam ein heftiger Zitteranfall, der darin mündete, dass er besinnungslos zu Boden fiel.

Nach einiger Zeit wurde er mit Wassergaben wieder zur Besinnung gebracht. (Seite 61) Dabei handelte es sich dann doch schon um eine tiefe Trance.
Generell muss man damit rechnen, dass im Kern gleichartige Tranceereignisse entweder leicht oder auch mehr oder weniger schwer ausfallen können.

Tanz, Musik und Gesang befördern ebenfalls Trance – besonders, wenn häufig wiederholte, ausgeprägte Rhythmen vorkommen. Bewegung und besonders die rhythmischen Bewegungen des Tanzes lassen starke Gefühle in uns aus der Tiefe aufsteigen, bei den Tanzenden und sogar bei den lediglich Zuschauenden. Und das kann bis zur Ekstase führen. Bewegung und vor allem Tanz bringt Erkenntnis, vielleicht weniger geistige Erkenntnis, aber Erkenntnis, die den Körper durchpulst.
Wenn ich etwa die feurigen Klänge von Schnuckenack Reinhardt und anderes, was man früher Zigeunermusik nannte höre, ziehen mich die phantastischen, langanhaltenden, wiederholten Rhythmen vom Stuhl

hoch und ich beginne, hingegossen völlig auf die Musik konzentriert zu tanzen. Das ist eine leichte Trance. Ich denke, dass alle, die gerne tanzen so etwas kennen. Man tanzt selbstvergessen nur der Musik folgend vor sich hin und nimmt kaum etwas Anderes rund um sich herum wahr.

Aber in Bali habe ich bei Tempelfesten Dedari Tänze gesehen, bei denen Mädchen in Trance fielen und am Ende für einige Zeit das Bewusstsein aufgaben. Da kann man dann nicht mehr von leichter Trance sprechen. Ähnliches habe ich in Indien erlebt und beim Candomblé.

Bild 6 (rechte Seite): Bali, Tempelfest für Betari Durga im Pura Dalem Penebel. Frauen geraten vor einem Barong, der den Tempel während des Festes besucht in Trance und tanzen verzückt.
Der Barong ist ein mythisches Tier mit sowohl göttlichen, wie auch dämonischen Elementen. Er gilt als Beschützer des Dorfes, dem er angehört. (Siehe auch Glossar).

Trancetanz

An Websites über den Trancetanz wird im Internet ein recht üppiger Blumenstrauß angeboten. Entsprechend bunt fallen dann die Angebote auch aus. Es kostet schon Mühe, die Spreu vom Weizen zu trennen. Natürlich besteht eine gewisse Tendenz, die Vorteile der eigenen Trancetanz-Seminare nicht gerade unter den Scheffel zu stellen. Dabei wird gerne etwas heruntergespielt, dass eigentlich nicht nur der Trancetanz, sondern im Grunde genommen jeder Tanz ein Anreiz zur Trance darstellt. Wer sich auf Rhythmen einlässt und zu tanzen beginnt, fällt immer in eine leichte oder auch intensivere Trance. Deshalb tut uns der Tanz auch so gut. Der „hypnotischen" Wirkung von Melodien kann sich nur der entziehen, der beim Tanzen nicht in die Melodien einzutauchen vermag und deshalb ständig über seine eigenen Füße stolpert.

Es ist ja leider so, dass in der Bundesrepublik zwar die Frauen gerne tanzen, aber die Mehrzahl der Männer Tanzmuffel sind. Das ist in Griechenland, in den slawischen Balkanländern und in vielen anderen Ethnien ganz anders. Die mitteleuropäischen Männer bringen sich damit um das Hochgefühl, das die Tanztrance beschert und um die erleichternde Entspannung danach. Wahrscheinlich liegt es daran, dass sehr viele Männer sich ungern auf Hingabe, in diesem Fall an die Musik, einlassen. Sie täten sich wirklich selbst etwas Gutes an, wenn sie sich änderten.

Auch aus diesem Grund sind, ungeachtet ihrer jeweiligen Ausformung, letztlich doch alle Angebote an Trancetanz zu begrüßen:

+ Sie rücken Tanz und Trance ins allgemeine Bewusstsein.
+ Sie regen – hoffentlich – Männer, und natürlich auch die ziemlich seltenen tanzunwilligen Damen dazu an, sich dann doch im Tanz zu versuchen und zu lernen, sich den Rhythmen hinzugeben.
+ Sie zeigen auf, dass Trance, die in aller Welt verbreitet ist, und nur in den Ländern der technischen Zivilisation vergessen wird, sehr wichtig ist für die Menschen, ganz besonders als Ausgleich zum rationalen Denken.

Sind aber nun, um in den Trancetanz einzusteigen Kurse, Seminare, Vereine notwendig? Nein – sie mögen zwar recht hilfreich sein, aber in den Trancetanz einsteigen können wir auch ganz alleine. Natürlich sind Melodien unterschiedlich geeignet für Trance, schon weil sie unterschiedlich leichte oder tiefe Trancezustände bewirken.

Dies Buch will über Trance berichten. Es maßt sich nicht an ein „Trance-Ratgeber" zu sein. Das soll mich jedoch nicht davon abhalten, zwischendurch den einen oder anderen Rat für die Praxis zu geben, zum Beispiel hier:

Wenn Sie selbst allein oder mit anderen zusammen versuchen wollen, das Hochgefühl der Trance im Tanze zu entdecken, dann kann ich Ihnen nur raten, sich mit Ethnomusik zu beschäftigen. In diesem Bereich werden Sie mitreißende und zugleich melodische Rhythmen entdecken. Sehen sich um bei griechischer (Syrtos, Hasaposerviko, Tsamiko), türkischer (Cifteteli), balkanslawischer, ungarischer, russischer, rumänischer, spanischer (Flamenco), lateinamerikanischer (Samba, Salsa, Bosa Nova), jiddischer, israelischer, arabischer, indianischer, afrikanischer, iranischer, indischer Adivasi- oder auch Bollywood-Musik! Und nicht zu vergessen bei der Musik derer, die man früher durchaus nicht immer abwertend als Zigeuner bezeichnet hat und heute Roma und Sinti nennt. Deren Musik hat es in sich, denn sie ist aus Empfindung heraus entstanden und wird auch mit viel Empfindung dargeboten. Jauchzen und Weinen verschmelzen miteinander. Angesichts des Welt-Ethnomusik-Angebotes werden Sie auch etwas finden, das Sie zur Trance verführt. Schauen Sie sich beispielsweise den in Griechenland und in der Türkei gleichermaßen heimischen Tsifteteli bzw. Cifteteli an. Wenn ich mich diesem freien Tanz hingebe, pflege ich regelmäßig in eine mittelschwere Trance zu fallen.

Die Anbieter von Trancetanz-Seminaren weisen darauf hin, dass der Tanz bereits mit dem Beginn der Jungsteinzeit vor etwa 40.000 Jahren ausgeübt worden ist. Tatsächlich lassen das Malereien in französischen Höhlen aus dem Aurignacien durchaus vermuten. Weiterhin sei Trancetanz in nahezu allen Ethnokulturen und außereuropäischen Hochkulturen gang und gäbe.

Das ist richtig. Die heutigen Trancetanz-Promotoren knüpfen daran an. Allerdings wurden und werden die traditionellen Trancetänze alle in Zusammenhang mit religiösen Ritualen ausgeübt. Das ist bei heutigen Angeboten an Trancetänzen mitunter auch der Fall, häufig jedoch auch nicht.

Man sagt so schön „*man verliert sich in der Musik*". In Wirklichkeit finden wir uns jedoch mit der Musik vereint und neigen dazu, in eine Beziehung zum Universalen zu fallen. Dies ist ein religiöses Erlebnis. es ist schon schade, wenn man sich darum bringt, nur weil man den religiösen Aspekt scheut.

Man fragt sich dann unwillkürlich, ob es nicht naheliegt, dass die Kirchen den Trancetanz als Form des religiösen Erlebens in ihre Kulte einbeziehen. Die hebräische Bibel bezeugt, dass im alten Israel für und vor Jahweh getanzt wurde. Bekanntestes Beispiel ist der ekstatische Tanz Davids vor der Bundeslade (2. Samuel 6,16ff, 1.Chronik 15,27ff).
Und dann die Psalmen! Sie wurden ja nicht als Lesung vorgetragen, sondern gesungen. Einiges weist darauf hin, dass nach ihren Rhythmen auch Reigentänze getanzt wurden. Das gilt besonders für Psalm 150:

„Lobt ihn mit Kesseltrommeln und Reigentanz, lobt ihn mit Flöten und Saitenspiel!"

Psalm 150,4.

Man kannte also im kultischen Rahmen einerseits ekstatische Einzeltänze insbesondere von Männern (vergleichbar mit dem griechischen Seibekiko und dem spanischen Flamenco). Vor allem aber wurden aber Reigentänze getanzt. Beides ist heute noch üblich in Griechenland, den südslawischen Ländern, in Bulgarien, der Türkei usw.
Im späteren Judentum waren es die Chassidim, die das ekstatische Tanzen in und außerhalb des Kultes stark forcierten.
Der Gründer der Bewegung Rabbi Baal Shem Tov sagte aus, dass durch Beten, Singen und Tanzen die Menschen sich mit Gott vereinigen. Und das hat schon einiges für sich!
Nicht ganz unbekannt ist das nach einer flotten Tanzmelodie gesungene jiddische Lied:

*„As der Rebbe tanzt,
as de Rebbe tanzt,
tanzen alle Chassidim."*

Unter den islamischen Bewegungen gelten die Aleviten als die tanzfreudigsten. Im Kult tanzen sie die Semah, einen religiösen Tanz, zu den Klängen der Saz (Langhalslaute).
Die türkischen Sufis (eine Art von Mystikern) von Konya versetzten sich durch absichtliches heftiges Hyperventilieren (übermäßig schnelles und tiefes Atmen) und Trommelrhythmen in Trance und verfallen dann in einen rasenden Drehtanz – ein bewusst inszenierter echter Trancetanz. (Er wird ebenfalls Sema genannt.)

Sowohl in Bali als auch in Indien gehören Trancetänze zu kultischen Ereignissen.

Da es unsere Kirchen nicht so sehr mit dem Erleben der Anwesenheit Gottes, sondern eher mit dem Belehren und Ermahnen haben, stehen sie dem Tanz wenig positiv gegenüber. Freude am Gottesdienst und Spaß im Kult ist eher nicht vorgesehen – es sei denn, man sieht „Jauchzen und Frohlocken" als solches an. Der herrliche Trickfilm „Ein Münchner im Himmel" schildert die Situation drastisch aber korrekt: („Luhjah sog i"). Neuerdings zeichnet sich ein Wandel ab. Es gibt Gemeinden, die versuchen, Tanz im Gottesdienst zu integrieren. Schon Ende der 90er-Jahre wurde die ökumenisch ausgerichtete „Christliche Arbeitsgemeinschaft Tanz in Liturgie und Spiritualität e.V." gegründet. Dagegen wird von evangelikaler Seite scharf geschossen – mit Bibelzitaten. Ein besonderer Stein des Anstoßes ist für sie der erotische Aspekt des Tanzes. Das überrascht natürlich nicht.

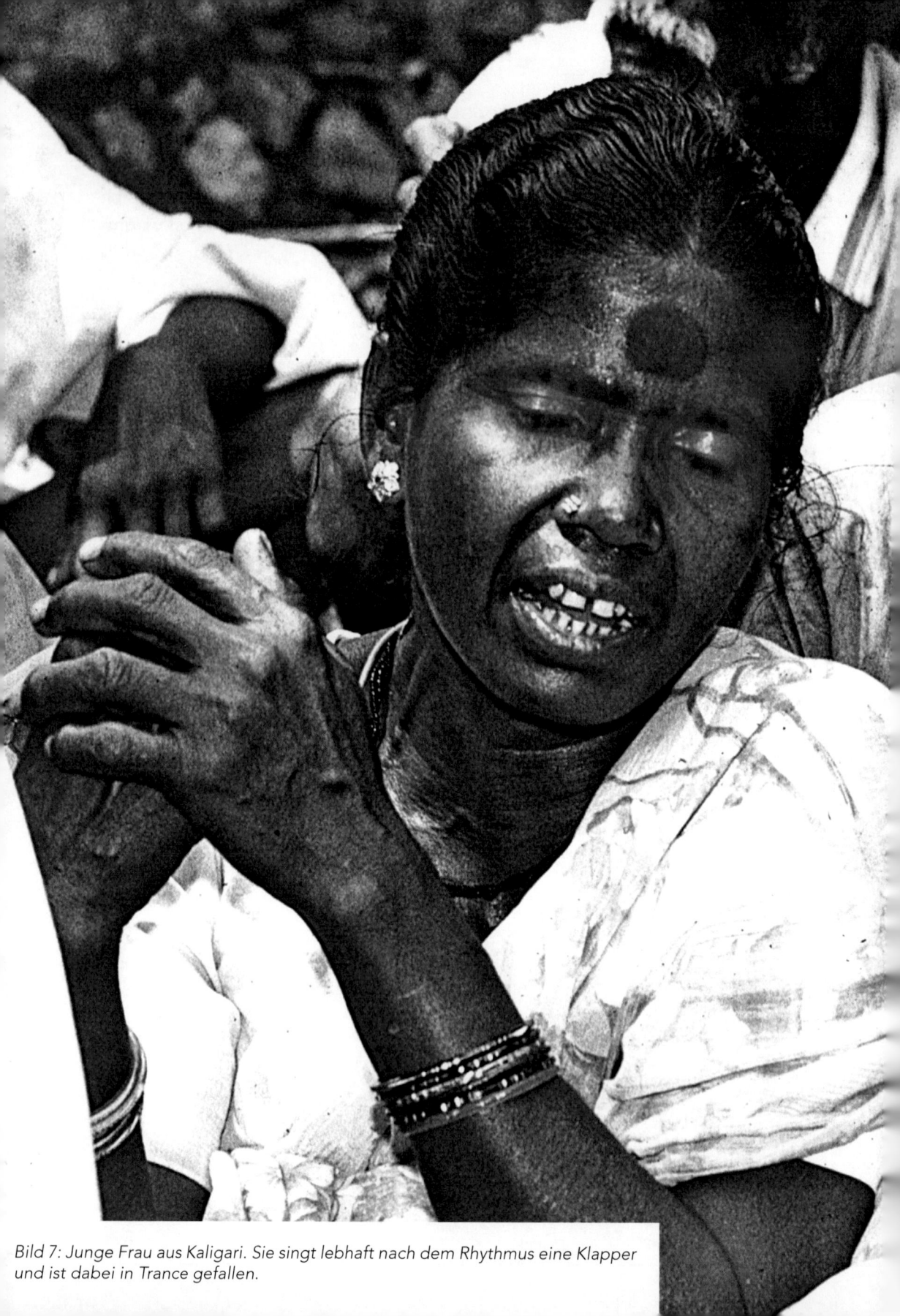

Bild 7: Junge Frau aus Kaligari. Sie singt lebhaft nach dem Rhythmus eine Klapper und ist dabei in Trance gefallen.

Anregend für die neue Tanzbewegung in „weißen Kirchen" sind sicherlich die „schwarzen Kirchen" Afrikas und Amerikas. Dort ist ekstatischer Gesang und Trancetanz schon von jeher zu Haus. Mit den Immigranten aus Afrika hat diese ganz andere Kultform auch die Städte Europas erreicht. In Rom bin ich unlängst (2016) in einem Park auf mitreißende Musik aufmerksam geworden. Vor einem segnenden Priester tanzten die Leute spontan im Reigen und sangen ein Gotteslob. Ich war fasziniert. Vater Franziskus hat diese heitere Form des Gottesdienstes selbst eingeführt. Das passt zu seinem Wort: „Christen sind Menschen der Freude."

Tiefe Trance – Ergriffenheitsekstase

Wenn die Erinnerung an ein Tranceerlebnis teilweise oder völlig fehlt, dann hat man es mit tiefer Trance zu tun. Sie ist meist, aber nicht immer damit verbunden, dass der Betroffene gegen Ende der Trance zusammenbricht, in eine Art von Ohnmacht fällt. Diese Ohnmacht endet oft nach Sekunden oder nach Minuten, in wenigen Fällen auch nach Stunden. Genau das ist die ekstatische Art von Trance, die weltweit als Ergriffenheit durch göttliche Wesen, aber eventuell auch durch Dämonen angesehen wird. Der in Trance Gefallene hat die Steuerung seines Körpers einer spirituellen Macht überlassen.
Trance ist – so sehen und empfinden es die Ergriffenen – ganz eindeutig Hingabe, und zwar rückhaltlose Hingabe an das Göttliche, an die universale Natur, auch an die teilnehmende Gemeinschaft. Wenn sich insbesondere Männer der Trance, dem Tanz und natürlich auch dem Trancetanze nicht hingeben können, so deshalb, weil unsere Macher-Zivilisation Dominanz und Selbstkontrolle als erwünscht ansieht.
Die Ablehnung von Trance wie von Tanz durch die Männerwelt beruht letztlich darauf, dass man insgeheim die Natur, unsere Mitgeschöpfe und alle anderen Menschen sich untertan machen will. Das ist die bewusst erkannte oder auch ins Unbewusste verdrängte aber deshalb nichtsdestoweniger starke Intention. Man scheut sich davor, sich hinzugeben und in die Natur einzufügen. Man ist zwar auch ergriffen, aber eben ergriffen von der Angst, sich zu verlieren. Und wenn uns das klar ist, wissen wir auch, warum es in den Ländern, die mit der westlichen Zivilisation ebenso begnadet wie geschlagen sind, keine institutionalisierte Trance

gibt. Und wir verstehen jetzt, dass die Ethnokulturen, in denen Trance praktiziert wird, eher dazu neigen, sich dem Göttlichen hinzugeben und sich in die Natur einzufügen.

Und noch etwas wird deutlich: Diejenigen Organisationen und Einzelpersonen, die sich um eine Wiederbelebung der Trance hier und heute bei uns bemühen, sind zutiefst unzufrieden mit der Dominanz der rationalen Zivilisationen. Ihr Tun allein ist eine Kritik daran und der Versuch sie zurückzudrängen. Ob das in jedem Fall mit den geeigneten Mitteln und auf die geeignete Weise praktiziert wird, kann man sich in einigen Fällen durchaus fragen. Ich muss aber bekennen, dass ich dem Versuch, der Dominanzkultur eine auf Harmonie zielende Hingabekultur zur Seite zu setzen, nicht nur für richtig, sondern für absolut geboten halte.

Beide sollen zumindest gleichwertig wirken. Ein etwas stärkeres Gewicht der Hingabekultur wäre allerdings angemessen. Die Dominanzkultur droht alle unsere Ressourcen und damit letztlich die Menschheit zu zerstören. Sie macht aber auch ihre Anhänger unruhig, rastlos und unzufrieden.

Die Hingabekultur hingegen vermag uns das innige Glück des Eingebundenseins zu schenken in all das, was sonst außerhalb von uns selbst verbliebe, in alles also, was wir sonst nicht wären, weil wir es nicht werden können.

Falls Sie sich nicht nur als Trancezuschauer betätigen wollen, sondern sich überlegen, für sich selbst einen aktiven Zugang dazu zu finden, wissen Sie jetzt, worauf Sie sich einlassen. Sie wollen die zurzeit noch vorherrschende Dominanzkultur zurückschneiden und die Hingabekultur fördern, damit wir jetzt und in Zukunft glücklich leben können.

Fremdinduzierte Trance

Wie kommt Trance zustande?

Es besteht die Möglichkeit, für jemanden, der das kann, sich selbst in Trance zu versetzten. Vor allem aber wird die Trance von außen, von Menschen der Gemeinschaft, der man angehört, angeregt. Allerdings fällt niemand in Trance, der das nicht will. Trance braucht die Zustimmung der Betroffenen.

Weil der, der in Trance versetzt werden soll, dabei auch mehr oder minder eifrig mitwirkt, ist eine genaue Abgrenzung zwischen selbst- und fremdinduzierter Trance nicht immer möglich.

Für fremdinduzierte Trance gibt es zwei Möglichkeiten:

Einige Menschen fordern mehr oder minder Trancewillige auf, in Trance zu fallen. Mittel dazu sind:
+ Zurufe
+ Trommelrhythmen (Schamanentrommeln)
+ rhythmische Musik allgemein
+ Gesang
+ Tanz, Trancetanz
+ Entzündung von Räucherwerk
+ Motivieren zum Hyperventilieren (forciertes Einatmen)
+ Wiegebewegungen des Körpers, besonders des Oberkörpers
+ rituelles Theaterspiel (S. 69 und S. 72)

Die Zurufe, die direkt zur Trance auffordern oder die eine Gottheit herbeirufen, die vom Trancewilligen Besitz ergreifen soll, erfolgen im Rahmen spezieller Riten. Es wird erwartet, dass in ihrem Verlaufe Tranceereignisse geschehen.

Irgendwelche Ereignisse lösen eine spontane, vorher nicht geplante Trance aus. Solche Ereignisse sind zum Beispiel:
+ Musik mit Rhythmen, die sich ständig wiederholen
+ rituelle Situationen
+ Erlebnis des Schönen – z. B. sonnendurchflutete gotische Buntglasfenster
+ das Auftreten von Trance dient als Bestätigung einer Anfrage an das Göttliche
+ aufregende Situationen, sexuelle Erregung
+ physische Erschöpfung – Extremfasten, Schlafentzug
+ Ärger

Bild 8: Während eines Umzugs von „Kali-Dämonen" ist er in Trance gefallen und versucht wie die „Dämonen", die Umstehenden zu schlagen.

Dass Ärger und verbale Auseinandersetzungen spontan Trance auszulösen vermögen, dürfte Verwunderung auslösen. Vom Ärger induzierte Trance kommt besonders in Höflichkeitskulturen vor. In Indonesien etwas ist es nicht üblich, negative Gefühle zu zeigen. (Dies hat übrigens durchaus etwas für sich, da dadurch Anlässe für Ärger von vorneherein reduziert werden.) Trance ist dann ein Ausweg, wenn der Ärger einmal jemand tatsächlich überfordert. Er kann in diesem Zustand seinen Verwandten oder Freunden sehr unverblümt die Meinung sagen, ohne das Gesicht zu verlieren. Das würde nämlich geschehen, wenn er im Normalzustand verbliebe und ausfällig würde.

Ist ein zur Trance Aufgeforderter schließlich bereit dazu, kann er das auch unterstützen.
Dies geschieht etwa, indem er in rhythmische Bewegungen verfällt, Mantras oder Gebete rezitiert oder singt, sehr häufig auch durch Hyperventilieren. Dieses hastige und übersteigerte, gut hörbare Atmen reduziert den CO^2 Gehalt im Gehirn. Dadurch ändert sich dessen Säuregehalt. Das führt dann dazu, dass es weniger Sauerstoff aufnehmen kann. Die mit der Trance verbundene Wahrnehmungsbeeinträchtigung wird begünstigt.
(Normalerweise ergibt sich ungewollte Hyperventilation bei Angst, Ärger, Wut. Der Zustand wird als unangenehme empfunden, ist aber nicht weiter gefährlich.)
Die durch Zurufe bewirkte Trance erinnert an eine hypnotische Trance. Sie wird durch intensive sprachliche Einwirkung des Hypnotiseurs auf den zu Hypnotisierenden ausgelöst.
Hypnotische Zustände stellen jedoch eine eigene Form der Trance dar. Eine vorherrschende Theorie darüber hat sich noch nicht durchgesetzt. Jedoch wird Im medizinischen Bereich Hypnose erfolgreich zur Minderung und Beseitigung von Schmerzen eingesetzt.

Ich schulde Ihnen noch eine Bemerkung zu Trance und Theater. Werden bei uns im Film oder auf der Bühne Trancezustände gezeigt, so sind die natürlich immer gespielt. Man tut so als ob. Anders in Asien. In Bali habe ich in mehreren Tempeln Spiele durch eine ganze Nacht hindurch verfolgt.

Bild 9: Tempelpriester in Trance während eines Festes für Ratu Gede in Bali. Als Priester kann er sich selbst in Trance versetzen und auch selbst wieder aus ihr aussteigen.

Es sind dort innerhalb der Spielszenen echte Trancezustände vorgekommen, die auch für diese Vorstellungen durchaus vorgesehen waren (S. 69). Auch in Indien habe ich das erlebt.
Wie kommt man rein – in die Trance? Das haben wir nun erörtert. Die Frage bleibt: Wie kommt man wieder raus?
Bei allen Tranceformen, die im Rahmen von Ritualen, auch von Theaterspielen vorkommen und die von Freunden, Bekannten oder von Gruppenmitgliedern angeregt werden, sind die in Trance Befindlichen nicht allein. Sie werden ständig beobachtet. Brechen sie zusammen werden sie von ihnen Nahestehenden aufgefangen mit Wassergaben ins Gesicht und vor allem mit Trinkwasser wieder zurückgeholt. In der Regel dauert die Trance nicht so sehr lange. Manchmal geht sie über in einen Schlaf, der dann durchaus ein paar Stunden andauern kann. Auch Hypnotisierte werden durch Überredung, man könnte sagen rituell, sanft aus der Trance aufgeweckt.
Trance, bei der niemand zugegen ist, endet von allein. Meist ist aber jemand zugegen und hilft.

Selbstinduzierte Trance

Dass sich Menschen selbst in Trance versetzen, kommt vor – und zwar gar nicht so selten. Eigentlich kann es jeder lernen, auch Sie und ich.
Es gilt, sich selbst in den ekstatischen Zustand zu suggerieren. Helfen kann dabei unter anderem rhythmische Musik und Hyperventilieren.
Ob man es aber auch wirklich selbst versuchen soll?
Ich möchte es mal so sagen: Es ist günstig, derartige Schritte unter der Anleitung von jemanden zu vollziehen, der in diesen Dingen Erfahrung hat. Zu einem Alleingang möchte ich nicht unbedingt raten.
Allerdings wird auch schon autogenes Training als leichte Trance angesehen. Dabei suggeriert man sich selbst, das Arme und Beine schwer werden und warm. Die Wärme kommt durch eine Steigerung der Durchblutung zustande, die sich als spürbares Prickeln bemerkbar macht. Man beendigt die Trance durch eine Formel, die man beim Einstieg ins autogene Training festgelegt hat.

Autogenes Training dient vor allem der Tiefenentspannung und der Selbstprogrammierung zu bestimmten Leistungen, wie Überwindung von Prüfungsangst oder der Steigerung der Leistungsfähigkeit z. B. im Sport. Ärzte, die hypnotisch behandeln, raten mitunter zur Ergänzung, hypnotische Trance selbst zu induzieren. Damit wird eine therapeutische Absicht verfolgt.

Selbstinduzierte Trance spielt in der westlichen Welt eine geringe Rolle. In den traditionellen Kulturen Asiens, Afrikas und Lateinamerikas allerdings versetzen sich Heiler und Seher in eine selbstinduzierte Trance, damit sie von der Gottheit erfasst werden und mit deren Stimme ihre Patienten beraten können. Sie vermögen auch sich selbst mit einer rituellen Formel wieder aus der Trance zurückzuholen.
Diese Methode ist auch ein unabdingbarer Bestanteil der schamanischen Praxis.

Trance und Schamanismus

Schamanismus ist nicht Trance, aber er ist stark mit Trance verbunden, vor allem mit selbstinduzierter Trance.
Schamaninnen und Schamane sind Mittler zwischen dieser Welt und der jenseitigen Welt der Verstorbenen und der Ahnen. Kranksein wird in schamanistischen Kulturen in der Regel interpretiert als Entführung der Seelen der Erkrankten durch Geister hin in die jenseitige Welt. In ergriffener Ekstase unternehmen die Schamanen Expeditionen in die andere Welt, um die Seelen zurückzuholen. Sie geleiten auch die Seelen der Verstorbenen dorthin, um da den richtigen Platz für sie zu finden. Sie holen sich währende der Reise Rat bei Gottheiten, um weissagen und heilen zu können. Diese Reise vollziehen sie also in tiefer Trance.
Sie erleben in Trance die eindringliche Imagination, über den Lebensbaum als der Weltachse nach oben (mitunter auch nach unten) zu steigen, oder aber mit der Hilfe von Flügeln dorthin zufliegen. Mitunter verwandeln sie sich sogar in einen Vogel.
Meist wird der Schamane auf seiner Jenseitsreise von sogenannten Hilfsgeistern in Tiergestalt unterstützt. Die Schamanen sind aber auch in der Lage, sich mit Gebetsformeln oder einfache Riten selbst wieder aus der Trance in die Welt des Wachbewusstseins zurückzubegeben. Das können andere normalerweise nicht.

Schamanisierende vermögen also sozusagen in Bereiche vorzudringen, die der Alltagswahrnehmung verschlossen bleiben.

Das Besondere an der schamanischen Trance ist, dass der Schamane während der Trance eine Erlebniswelt erfährt, in der er sich willentlich durch die Welt seiner Imaginationen bewegen kann. Er kann also während seiner Geistreisen durchaus Entscheidungen treffen

Bei den Trance-Ereignissen, die wir zuvor besprochen hatten, treten keine Imaginationen auf. Sie zeichnen sich ja vor allem dadurch aus, das man sich an nichts erinnert, was während der Trance passiert.

Es scheint, dass Trance-Imaginationen (Visionen und Auditionen) vornehmlich eine Spezialität derer sind, die die Trance selbst zu initiieren und sie wieder aufzulösen vermögen. (Dies allerdings dürfte erlernbar sein für alle, die sich engagiert darum bemühen!)

Schamane zu sein, ist kein Kinderspiel, und es zu werden schon gar nicht. Für die Menschen in traditionellen Gesellschaften ist es ein „Fulltime-Job". Sie haben die Verantwortung für ihre Gemeinschaft. Sie beraten, versorgen Schwache und Kranke, kümmern sich um Totenseelen. Schamanen sagen wahr, üben Jagdzauber aus, teilen mit, wo man Jagdtiere, die gesucht werden, finden kann. Zu ihren Aufgaben gehört die kultische Reinigung, auch die Reinigung von Menschen, die durch Trauer, Aggression usw. ihre Energie eingebüßt haben. Auch Brauchtumspflege – Liedgut, Tänze, Überlieferungen – gehört zu ihren Aufgaben.

Hobbyschamanen gibt es nicht. Man kann nicht so einfach einen Kurs, heute würde man sagen „Workshop", absolvieren und ist dann Schamane. Angehende Schamanen werden von erfahrenen Älteren über mehrere Jahre hinweg ausgebildet. In manchen Fällen kommt es allerdings auch zu einer überraschenden Spontaninitiation ohne den Willen, ja gegen den Willen des künftigen Schamanen. In jedem Falle ist aber unabdingbar, dass sein normaler, auf das Alltägliche fixierte Wesenskern völlig aufgelöst wird, damit sich für die Wahrnehmung des angehenden Schamanen ein Fenster in die jenseitige Welt (Kelten: Anderswelt; Aborigines: Traumzeit; Buddhismus: Nirwana) öffnen kann. Das geschieht etwa dadurch, dass sie von schwerer Krankheit überfallen werden oder dass sie im Inneren in der Trance durchleben, wie ihr Körper bis auf die Knochen zerteilt und dann wieder neu zusammengesetzt wird.

Ohne diese recht heftige Berufungserfahrung, selbst zerstört und wieder hergestellt zu werden, wird jedoch niemand zum traditionellen Schamanen.

Bild 10: Schamanisch Begabte in Trance während des großen Jahresfestes der Irular Adivasi.

Der Wissenschaft sind zunächst einmal Schamanen bei sibirischen Völkern aufgefallen. Es stellte sich aber dann heraus, dass Schamanismus weltweit stark verbreitet ist, nur eben nicht in der sogenannten westlichen Welt.

Schamanentum ist um ein vielfaches älter als die menschheitsgeschichtlich verhältnismäßig junge Institution des Priestertums. Schon vor 30.000 Jahren wurde schamanisiert. Das lässt sich jedenfalls mit großer Eindeutigkeit aus Höhlenmalereien aus dem Aurignacien erschließen.
Schamanismus und vor allem Trance scheinen also von Anbeginn der Menschheit eine ganz entscheidende Rolle gespielt zu haben.
(Ob auch Tiere in Trance fallen können, ist nicht geklärt. Manche nehmen das an.)

Es gibt neuerdings Bestrebungen, den Schamanismus in der westlichen Welt wiederzubeleben. Heute schätzt man die Schamanin und den Schamanen wieder als Persönlichkeiten, die eine wertvolle Arbeit zur Lösung von Problemen in ihrer Gemeinschaft leisten.
Nach der Entdeckung des Schamanismus im 17. Jahrhundert war er zunächst als unsinnig oder krankhaft abgewertet worden. Man dachte eben, dass nur westliche Erkenntnisse richtig und sinnvoll seien, und alles, was anderswo gesagt und betrieben wird, nur Unsinn und Irrtum sein könne. Manche denken heute noch so – und leider auch manche, die großen Einfluss haben.
Die Erscheinungsformen des Schamanismus in den verschiedenen Ländern sind sehr unterschiedlich. Es sieht so aus, als ob sich derzeit ein an die westliche Denk- und Lebensweise angepasste Form des Schamanismus entwickelte. Dieser Prozess wird sicherlich noch so einige Zeit in Anspruch nehmen. Ich denke, dass ein europäischer Schamanismus durchaus wünschenswert ist.
Im Schamanismus geht es darum, über die andere Welt nicht zu reden, sondern sie geistig zu bereisen. In der Trance geht es darum, nicht nur über das Göttliche zu reden, sondern seine Existenz zu erleben. (Siehe auch S. 31)
Die Begegnung mit dem, was mehr ist, als wir selbst es sind, ist uns im Laufe der Entwicklung völlig abhandengekommen.

Im Frühchristentum war Trance und möglicherweise auch Schamanismus noch lebendig.

Bild 11: Kali-Umzug in Mahabalipuram. Den Zug führt ein Wagen mit einer Statue der Göttin Kali an. Einer aus dem dämonischen Gefolge der Kali befindet sich in heftiger Trance. Die als Dämonen auftretenden Männer schlagen das umstehende Publikum mit Stäben.

Auch in der griechischen Antike stoßen wir auf Spuren des Schamanismus. Der Besuch in der Totenwelt durch Orpheus und der von Odysseus (laut Odyssee) in der Unterwelt sehen ganz nach Hinweisen auf schamanische Reisen in die „Anderswelt" aus.

Interessanterweise wurde Jesus auch auf frühchristlichen Bildwerken als der neue Orpheus dargestellt, der in der Zeit zwischen Tod und Auferstehung in die Unterwelt hinabgestiegen ist und der die Seelen der Toten sicher an den gefährlichen Herrschern der Planetensphären, den Archonten, vorbei bis in den höchsten Himmel hinauf geleitet. Das hört sich schon sehr schamanisch an.

Trancehaltungen und Visionen

Es geht darum, dass durch bestimmte festgelegte Körperhaltungen in Verbindung mit Trommel- oder Rasselklängen eine spezielle Form von Trance ausgelöst wird, die zu eindringlichen Visionen in Verbindung mit Auditionen führt. Felicitas Goodman hat das ausführlich untersucht und in Büchern dargelegt (Lit.: 7). Es sind sehr wichtige Forschungen, die belegen, dass diese Art Visionstrance zu induzieren eine schamanische Praxis ist, die bis in die Frühgeschichte der Menschheit zurückgeht und sich weltweit gehalten hat. Es gibt einige Sachen in ihren Büchern, die nachzuvollziehen mir etwas schwerfällt. Das ändert aber nichts an der Bedeutung ihrer Entdeckungen. Sie beschäftigten sich mit Trance als religiösem Erleben. Das ist berechtigt, denn in weitaus den meisten Fällen ist Trance eng mit Religiosität verbunden. Das gilt selbst für Trance im Rahmen der Sexualität (nächstes Kapitel!). Frau Goodman hat nun zwei wesentliche Entdeckungen gemacht. Einmal, dass es bestimmte, gern von Schamanen eingenommene Haltungen gibt, die begleitet von rhythmischen Klängen zu Trancevisionen führen. Diese Visionen sind unterschiedlich und hängen von der jeweiligen eingenommenen Körperhaltung ab.
Zum anderen hat sie entdeckt, dass diese Haltungen in Zeichnungen und Plastiken von Menschen vielfach abgebildet werden und zwar zu allen Zeiten, angefangen von der Höhle von Lascaux (Aurignacien, Altsteinzeit) bis heute, sowie in fast allen Teilen der Erde.

So ganz nebenbei hat sie also der Kunst-Ikonographie einen großen Dienst erwiesen, weil jetzt Abbildungen mit mehr oder weniger seltsamen Haltungen gedeutet werden können, die doch zuvor Rätsel aufgegeben haben (oder falsch interpretiert wurden).
Ich habe nun versucht, selbst eine derartige Haltung einzunehmen und auf diese Weise in Trance zu fallen. Eingeleitet wurde das damit, dass ich mich auf meinen Atem konzentrierte. Dann nahm ich eine Trancehaltung ein. Dazu wurde eine Trommel geschlagen, erst im Herzschlagrhythmus, dann mit ca. 200 Anschlägen pro Minute. Dies dauert etwa 20 Minuten. Währenddessen sollte sich bei mir die Trance einstellen.

Bild 12: Kali-Umzug in Mahabalipuram. Der dämonische Begleiter der Kali frisst rohes Fleisch.

Und das ist dann auch tatsächlich passiert. Ich bin auf eine Trancereise gegangen. Allerdings kann man das nicht allein realisieren, zumindest nicht, wenn man damit noch wenig Erfahrung hat. Nötig ist dazu jemand, der die Trommel schlägt oder ein anderes Rhythmusgerät bedient. Und es ist auch erforderlich, dass jemand anwesend ist, der sich gut auskennt und einen mit anregenden Worten auf eine solche Reise schickt. Optimal sind Trommel-Anschläge im Rhythmus von 4,5 Anschlägen pro Sekunde, weil die den Theta-Rhythmus von Gehirnwellen anregen. Und der Theta-Rhythmus ist der Rhythmus der Trance und zugleich der der Kreativität. Es ist aber offensichtlich, dass auch durch Rhythmen, erzeugt von Rasseln oder Trommeln, Trance ausgelöst werden kann – nicht muss – ohne, dass eine der bekannten Trancepositionen eingenommen wird. Nötig ist jedenfalls, sich locker zu machen und eine entspannte Haltung einzunehmen. Die verschiedenen Trancehaltungen dienen vor allem dazu, unterschiedliche Visionsreisen zu unternehmen. Diese Trancereisen ähneln den Reisen der Schamanen in die andere Welt. Die Begegnung mit Geistwesen ist durchaus möglich, ja wahrscheinlich. Natürlich gibt es schon Menschen, die eher für Trance disponiert sind und andere, die sich damit schwerer tun.

Wenn wir von Rhythmus sprechen, dann dürfen wir nicht daran vorbeigehen, dass es eine Form Trance gibt, die sich als rhythmisches Zittern und Erbeben äußert. Es gibt Tendenzen, diese Form von Trance rituell einzuleiten, um ein damit verbundenes Glücksgefühl auszukosten, aber auch weil das Trancezittern geeignet ist, Visionen anzuregen (Lit.: 6).
Allerdings habe ich diese sich als länger andauerndes Zittern äußernde Trance auch gar nicht so selten in Bali beobachten können (S.: 60ff), auch in Indien, wo es sich ganz spontan einstellte, ohne das eine eigene rituelle Einstellung erforderlich wäre. Auch Europäer, die diese Erscheinung aus Asien näher kennen, fallen gelegentlich ganz spontan in diese Form der Trance.
Ausgelöst wird das beispielsweise durch das Erlebnis einer überwältigend schönen Landschaft oder aber auch eine überraschend freundschaftliche Begegnung mit einem Tier. Auch während des Betens kann das geschehen.

Bild 13: Einer der „Dämonen" bricht zussammen. Damit endet seine Trance.

Über eine Vision in Trance hat mir auch der religiöse Leiter eines Irular Dorfes berichtet. Er hatte bei einem Fest mit bloßen Händen in einen Kübel mit heißem Reis gegriffen und beide Hände damit gefüllt. Dann war er einige Schritte zur Seite geeilt und hat den Reis ins Buschwerk geworfen. Das geschah drei Mal. Beim dritten Mal haben ihn anschließend seine Freunde mit Wasser übergossen.

Auf meine Frage, was denn dies gewesen wäre, antwortete er, er habe die Göttin Kanniyammal auf ihrem Wagen sitzend gesehen und ihr den Reis gebracht. Mit Wasser hätten ihn seine Freunde übergossen, weil ihn sonst die Göttin zu sich gerufen hätte und er in Flammen aufgegangen wäre. Ich habe gelernt, solche für uns unwahrscheinlich klingenden Berichte nicht als Märchen abzutun, sondern ernst zu nehmen. Sie sind innerhalb der entsprechenden Kulturen durchaus stimmig, genauso wie unsere Deutungen innerhalb unserer Kultur stimmig sind.

Grundsätzlich werden Visionen während außerordentlicher Bewusstseinszustände wie der Trance als Mittel betrachtet, das eigene Bewusstsein zu erweitern und Erkenntnisse zu gewinnen.

Trance und Sexualität

Im Gegensatz zu früher bekommt man heute beispielsweise in Internetzeitungen die Fotos von Gesichtern während eines Orgasmus zu sehen. Und nun möchte ich einen Vergleich ziehen. Gian Lorenzo Bernini hat Mitte des 17. Jh. für Santa Maria della Vittoria in Rom eine Skulptur der Teresa von Avila (1515 - 1582) geschaffen. Die zeigt die Heilige im Zustand ekstatischer Verzückung. Ihr Gesicht ist ganz unzweifelhaft das einer Frau während des Orgasmus.
Bei Teresa wird er ausgelöst durch mystische Verzückung, die sie selbst in ihren Schriften beschreibt.
Sie erlebt immer wieder ekstatische Trance, die eine erotischen Begegnung mit Gott imaginiert.
Den Kirchen nahestehende Leute versuchen immer wieder, die mystische Verzückung, die übrigens durchaus nicht nur Teresa betrifft, symbolisch zu erklären und ihren so eindeutig sexuellen Charakter wegzudiskutieren. Aber Sexualität ist nun mal das Salz des Lebens und eben auch des religiösen Lebens, ob man das wahrhaben möchte oder auch nicht. Trance zielt ab auf Ergriffenheit durch das Göttliche – und wenn die ergreifende göttliche Macht eine sexuelle Begegnung will, haben wir kaum das Recht, unsere eigene Engstirnigkeit durch Einwände dagegen auf die Spitze zu treiben. Auch Sexualität ist schließlich von Gott gewollt. Dies nicht zu erkennen ist eine der Sünden der Kirchen. Vielleicht sogar die schwerste. Mystik zielt generell auf Vereinigung mit dem Unendlichen ab. Sexuelles Zusammensein ermöglicht aber Vereinigung höchster Intensität.

Auch eine erotische Begegnung von Menschen kann bei einem oder beiden Partnern Trance auslösen. Die Ekstase muss nicht unbedingt beabsichtigt sein.
+ Wahrnehmungseinschränkende (somnambule) Trance kann sich in Zittern und Beben äußern, in unartikulierten Lautäußerungen oder auch in unkoordiniertem Zucken. Der von der Trance ergriffene Partner fokussiert seine Aufmerksamkeit nur noch auf sich selbst.
+ Wahrnehmungsverstärkende (luzide) Trance während des Aktes wird durch die Faszination für den sich hingebenden Partner ausgelöst. Das Bewusstsein fokussiert sich in diesem Fall ausschließlich auf den Partner.

Ich verstehe die erotische Trance so, dass sie auch eine Ergriffenheit darstellt, in diesem Falle durch den angebeteten Partner, der sozusagen an die Stelle des ergreifenden göttlichen Wesens tritt.
Sextrance erhöht die Lust bis ins Unendliche und zwar auch die des Partners, der gar nicht in Trance fällt. Der genießt die Lust an der Intensität des Begehrens, die ihm widerfährt.
Sex, bei dem Trance auftritt, ist ein großartiges Erlebnis und zwar auch dann, wenn es nicht zum Orgasmus kommt. Es wird sogar die Meinung vertreten, dass Sex mit Trance ohne Orgasmus lustvoller sei, als Sex mit Orgasmus ohne Trance.

Wahrnehmungssteigernde Trance wird im linken Pfad des Tantrismus als Mittel der Bewusstseinserweiterung genutzt. Es geht den Tantrikern nicht ums Kinderzeugen und auch nicht um Lustgewinn, sondern allein um die Erweiterung des Bewusstseins. Wahrnehmende Trance ist durch die Konzentration auf geistige Verwirklichung des Selbst geeignet, Erfahrungen zu sammeln, die dem normalen Wachbewusstsein verschlossen bleiben. Der Sexualverkehr soll dabei nicht als Konzentration auf die sensiblen Körperpartien, wie es insbesondere bei Männern so üblich ist, beschränkt werden, sondern die gesamte eigene Körperlichkeit und die des Partners umfassen und darüber hinauswachsen – ins Vertikale, nach oben.
Im Tantrismus gilt Sexualität als heilig. Im Christentum gibt es neuerdings Reformbewegungen, die endlich die alleinige Zuständigkeit des Satans für Sex beenden wollen. Bis aber die religiöse Dimension von Sex entdeckt wird, dürfte noch einige Zeit verstreichen.

Wir haben bis jetzt über Trance geredet, die durch sexuelles Geschehen ausgelöst wird.
Manuel Fargas geht es in seinem Buch „Sex in Trance" (Lit.: 4) um eine Trance, die bewusst von einem Partner inszeniert wird. Dabei wird eine angenehme Situation, etwa das Schaukeln in einem Wasserbett suggeriert. Es handelt sich also eher um eine leichte Form von Trance. Fargas meint, dass durch die Intensität die Lust wesentlich gesteigert werden könne. (Ich habe mir, als ich das Buch erwarb, eigentlich etwas Anderes davon versprochen.)

Neurologie setzt sich mit pathologischen Trance- und Besessenheitszuständen auseinander

Von der neurologischen Wissenschaft wird Trance als einer der veränderten Bewusstseinszustände (VBZ) angesehen. Zu denen gehören unter anderem auch Träume, Tagträume, Visionen, Meditation und ekstatische Erlebnisse. (Angemerkt sei, dass die Definitionen der Neurologen von Trance nicht alle übereinstimmen.)
Bei der Gehirnwellenmessung zeigt sich, dass bei tiefer Trance Theta-Wellen auftreten, Gehirnwellen zwischen 4 und 8 Herz. Theta-Wellen deuten sowohl auf Halbschlaf als auch auf einen Zustand hin, in der Kreativität aktiv ist. Während der Trance werden auch körpereigene Opiate (Beta-Endorphine) produziert. Die erzeugen Euphorie, was das durch die Trance erweckte Glücksgefühl oder zumindest gute Gefühl erklärt. Trance und Besessenheitszustände gelten als dissoziative Störungen. Das sind sozusagen Störungen der Ganzheitlichkeit des Bewusstseins, des Gedächtnisses, der Wahrnehmung oder des Identitätsempfindens. Denk- und Handlungsvorgänge werden abgespalten und verselbstständigen sich. Die Gesamtheit dessen, was man im Wachzustand erlebt, wird auf einen mehr oder minder großen Ausschnitt daraus verengt.

Die Neurologen tun sich schwer anzuerkennen, dass diese Einschränkung auch weitergehende Chancen bieten kann. Die Konzentration auf den Ausschnitt wird nämlich erheblich verstärkt. Das geht so weit, dass auch Unbewusstes, das dem Wachzustand verschlossen bleibt, zugänglich wird.

Die Neurologie beschreibt Trance vorwiegend in einer negativ getönten Ausdrucksweise. Es wird von „dissociative trance disorder" gesprochen. Allerdings wird doch eingeräumt, dass in anderen Kulturen – tatsächlich handelt es sich um die meisten anderen Kulturen – Trance ein anerkannter und sehr geschätzter Ausdruck kultureller und religiöser Aktivitäten ist. Es geht daher nicht an, dass Trancevorgänge insgesamt als pathologische Erscheinungen abgetan werden.

Krankhafte Trancezustände gibt es natürlich auch. Es ist verständlich, dass sich Neurologen dafür besonders interessieren, weil es ihnen um deren Heilung geht.

Trance ist immer dann pathologisch, wenn sie von den Betroffenen als schmerzlich erfahren wird. Wenn jemand empfindet, dass er von einem Geist besessen ist, der ihn quält und nicht freigibt, dann ist das ein pathologischer Fall. Sieht sich jedoch jemand bei einer Tempelzeremonie von einem Geist ergriffen, und ist er dann stolz darauf, dass dieses Geistwesen ihn erwählt hat, dann ist diese Trance ein positives, stärkendes, bisweilen sogar heiteres Erlebnis. Kulturell akzeptierte Trance ist niemals krankhaft. Pathologische Trance dagegen wird immer unwillkürlich ausgelöst, hat keine rituellen Anlässe und steht in keinem Zusammenhang mit kulturellen oder religiösen Ereignissen. Die „gesunde" Trance geschieht freiwillig, sie wird zumindest im Nachhinein bejaht.

Krankhafte Trance dagegen überkommt Menschen gegen deren Willen. In den Evangelien und der Apostelgeschichte kommen beide Formen von Trance vor. Pathologische Trance wird als Besessenheit von einem bösen Geist oder einem Teufel wahrgenommen. Sie ist es, die von Jesus geheilt wird. Dagegen führt die Ergriffenheit vom Heiligen Geist zu einer durchaus ekstatischen Euphorie.

> **>Allmählich, ganz allmählich wird die positive heilende Funktion von Trance erkannt und es wird auch versucht, psychische Auffälligkeiten mit Trancesitzungen zu lindern.<**

Bei der sogenannten analytischen Hypnose geht es darum, den Patienten in Trance zu versetzen. In dem Fall wird ihm aber nichts suggeriert, wie bei der klassischen Hypnose. Der Therapeut versucht vielmehr herauszufinden, wo die Ursachen für die psychische Beeinträchtigung liegen und ihm diese Erkenntnisse zu vermitteln, um ihn so zu heilen.

Gerade weil ich Trance als überwiegend positiv einschätze, muss erwähnt werden, dass mitunter auch nicht auf Krankheit beruhende Trance vorkommt, die aber doch sehr kritisch zu sehen ist. Es geht um Trance, die von einem negativen Anlass verursacht wird. Während des Naziregimes sind Leute beispielsweise in euphorische Trance gefallen – etwa auf Reichsparteitagen oder anlässlich der berüchtigten Durchhalterede von Goebbels („Wollt ihr den totalen Krieg?"). In diesen Fällen ist die Trance ein Ausdruck hysterischer Persönlichkeitsstörrungen, zumal Führerkult und nationalsozialistische Heilserwartungen auch noch andere hysterischen Erscheinungen, wie Realitätsverlust und Wahrnehmungsverzerrungen, zur Voraussetzung haben.

Tranceähnliche Zustände werden auch in Zusammenhang mit Selbsttötungen berichtet (Lit.: 22). Menschen, die Suizid begehen, tun das mitunter in einem Zustand, der Trance ist oder Trance ähnelt. Das gilt auch für Leute, die Amok laufen. Ganz offensichtlich ist aber dieser Zustand kein Auslöser für Suizid, sondern wird durch die auf Selbsttötung hinwirkende Gemütsverfassung ausgelöst.

Bild 14: Ratu Gede Tengahing Segara, der große Herr inmitten der See, ist eine barongähnliche Figur. Sie wird in Tibu Biyu (Bali) am Saraswati-Tag in einer Prozession zum Meer getragen. Wenn die Figur stark schwankt, zeigt das, dass der Träger in Trance gefallen ist.

Bild 15: Die Statue von Ratu Gede schwankt.

Trance weltweit

Trance in Bali

Hier möchte ich einige Beispiele für unterschiedliche Formen von Trance schildern, so wie ich sie in Bali vielfach erlebt habe. In Bali ist die Trance in religiösem Rahmen sehr verbreitet. Da das Auftreten von Trance die Anwesenheit zumindest einer Gottheit kundtut, gibt es kaum ein religiöses Ritual ohne Tranceereignisse. Das wird viele Bali-Reisenden verwundern, die davon nichts mitgekriegt haben. Doch die meisten werden irgendwann einmal damit zwar in Berührung gekommen sein, haben die Erscheinungen aber nicht bemerken oder auch nicht richtig deuten können.
Die Holländische Regierung hat sich nach der Annexion der gesamten Insel 1906 dazu verstiegen, Trance in Bali zu verbieten. Dort jedoch setzte man sich damals über das Verbot hinweg.

Die Gottheit badet im Meer

In Tibu Biu, einem Dorf unweit von Tabanan befindet sich der Tempel einer Großfamilie (Clan), ein sogenanntes Pura Panti. Er besteht aus zwei Höfen. Der innere enthält die Schreine von Ratu Betara Gede, des Herrn über die Insel Nusa Penida, sowie von Dewi Saraswati. Sie ist die Gottheit der schönen Künste und der Literatur. Der Festtag der Göttin findet im Rahmen des kurzen Bali-Jahres alle 210 Tage statt. An ihrem Tag verlässt Dewi Saraswati, getragen in einer Art von Sänfte, den Tempel. Die Göttin wird in diesem Fall nicht, wie sonst üblich, als menschliche Figur mit sechs Armen dargestellt, sondern durch Lontar Bücher repräsentiert. Das sind traditionelle in Südost- und Südasien verbreitete Bücher, deren Seiten aus den Blättern der Lontarpalme bestehen.

Begleitet wird sie von Ratu Betara Gede in Gestalt einer riesigen Furcht einflößenden Figur, eingehüllt in Weiß und Schwarz gewürfelte Tücher (saput poleng). Der schon vor dem Aufkommen des Hinduismus in Bali verehrte Gott vermag Gutes wie Böses zu bewirken. Er kann die Cholera als Seuche unter den Menschen verbreiten, kann aber auch die Krankheit heilen.

Pura Panti Tibu Biu Kaja

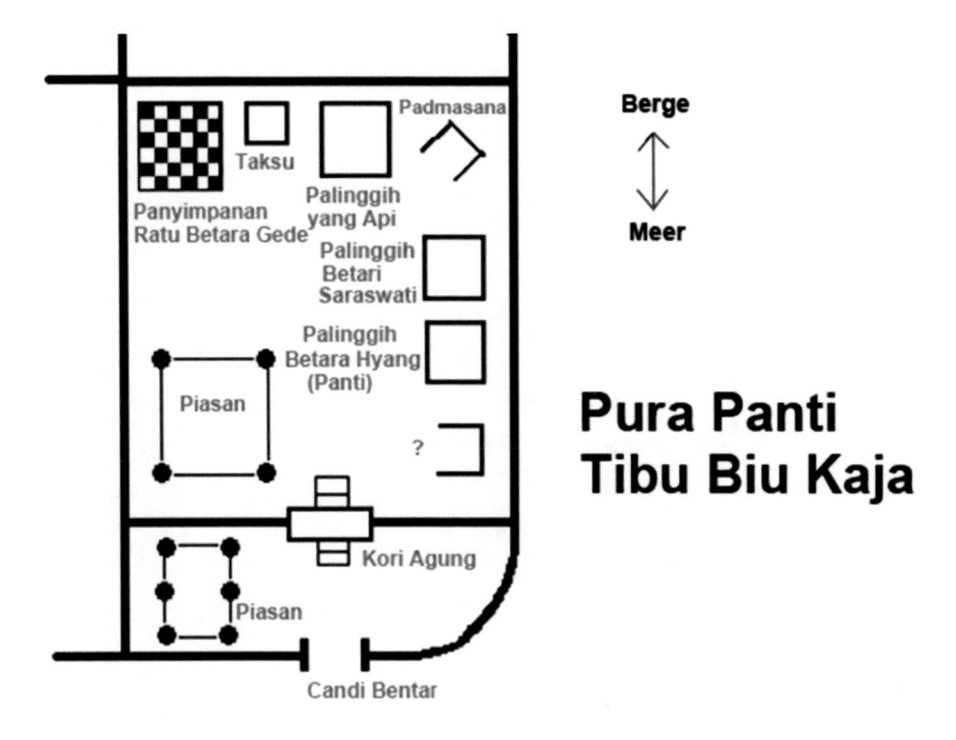

Bild 16: Pura Panti – Ahnentempel einer Großfamilie.
Er besteht aus einem Vorhof und einem Innenhof mit den Schreinen von Gottheiten. Panyimpanan ist ein Schrein, in dem die Repräsentation der Gottheit aufbewahrt wird – die Figur von Ratu Gede, sowie die Lontarbücher für Dewi Saraswati. In weiteren als Palinggih (Sitz) bezeichneten Schreinen verweilen die Ahnherrn der Anhänger des Pura, Betara Api, der Herr des Feuers und Dewi Saraswati. Der kleine Schrein oben ist für den Taksu bestimmt, den Geist des Bodens, auf dem der Tempel steht. Padmasana, der zum höchsten Berg Gunung Agung ausgerichtete Lotusthron, wird an den Festtagen zum Sitz Siwas in seiner Erscheinungsform als Sonnengott. (Info von Manku Sudarsa.)

Bild 17: Rückkehr vom Bad. Der Träger des Weihrauchgefäßes, aber auch andere Begleitpersonen sind in tiefe Trance gefallen. Der Gesichtsausdruck und die übersteigerten Bewegungen zeigen den ekstatischen Zustand an. Auch der Träger der Ratu Gede Figur ist von Ratu Gede ergriffen.

Am Jahrestag von Dewi Saraswati werden die Repräsentationen von Ratu Gede und Dewi Saraswati zur nahegelegenen Küste gebracht, wo sie gebadet werden. In Trance fallen die Begleitpersonen vor allem auf dem Rückweg zum Tempel.

Beim Verlassen des Tempels werden Ratu Gede und Dewi Saraswati von einem guten Dutzend Frauen unterschiedlichen Alters begleitet, die ihnen zu Ehren den Tari Pendet tanzen. Einige von ihnen sind schon im Zustand der Trance. Das ist zu erkennen an ihren halbgeschlossenen Augen und unkoordinierten Bewegungen.

Es bildet sich eine Art von Prozession. Zuvorderst werden die Gottheiten getragen, dahinter reihen sich die aus dem Tempel herausströmenden Clanmitglieder ein. Es geht in Richtung Küste. Nach einer halben Stunde ist das Meer erreicht. Die Sänfte und die Figur des Riesen werden am Strand abgesetzt. Eine Opferzeremonie beginnt. Dann ergreifen Träger die Sänfte und tragen sie ins flache Wasser hinein. Feierlich schreiten sie dreimal im Kreis herum. Dewi Saraswati nimmt ihr Bad. Dann steigen sie aus dem Wasser heraus. Ratu Betara Gede, auch Betara Tengahing Segera genannt, wird wieder hochgenommen. Der Zug formiert sich neu für den Heimweg. Weihrauch steigt auf zum Himmel. Die Träger und ihre Begleiter verfallen in zuckende Bewegungen und in unartikuliertes Grimassieren. Sie sind, von den Gottheiten ergriffen, in heftige Trance verfallen. Dieser Zustand hält über den gesamten Rückweg an. Vor der Tempelpforte werden sie von den Frauen erwartet. Sie führen wieder einen Begrüßungstanz aus. Der Zug ist nun ganz nahe vor ihnen. Wieder werden, diesmal fast alle ekstatisch von den Gottheiten ergriffen. Schließlich durchschreitet der Zug das Tempeltor, um die Gottheiten wieder zurück an ihren angestammten Sitz zu bringen.

Bild 18: Bali: Pendet-Tänzerin in Trance. Die Augen sind halb geschlossen.

Die Mutterleib-Höhle

Gua Giriputri, die Höhle der Tochter der Berge, befindet sich in einem abgelegenen Teil Balis. Wir alle aus unserer Gruppe – Männer und Frauen durchweg in Bali-Tracht – kriechen auf allen Vieren schräg nach unten durch den Zugang, einem reichlich engen Felsschlauch. Er mündet in eine weiträumige Felsenhalle. Im kümmerlichen Schimmer einer Petroleumleuchte ist mittendrin ein steinerner Thron auf hohem Pfeiler zur erahnen – der Sitz des Gottes Betara Tengahing Segara. Er vertritt das männliche Prinzip, gegenüber dem weiblichen, repräsentiert durch die Höhle selbst. Der Leiter unserer Gruppe, ein Balian Taksu, ein ekstatischer Heiler mit prophetischen Gaben, heißt uns zum *sesembahan* hinzuhocken. Eng gedrängt kauern wir rund um die zentral aufgestellte Steinsäule mit dem kleinen Steinthron herum. Ich hocke im äußeren Kreis. Zwei Frauen bringen Körbchen mit bunten Blumen, Früchten und Reis als Opfer dar. Sie legen Weihrauchstäbchen auf die Gaben und sprenkeln heiliges Wasser darüber. Dann setzen sie sich abseits ins Dunkle und beginnen mit hoher unwirklicher Stimme zu singen. Die Sirenen des Odysseus müssen einst so gesungen haben.
Der Balian erhebt sich heftig gestikulierend, spricht mit lauter, befehlsgewohnter, aber zugleich ungewohnt fremder Stimme. Es ist die Stimme

von Betara Tengahing Segara. Der hat von seinem Körper Besitz ergriffen und steuert ihn. Plötzlich schnellt der Mann vor mir, der eben noch seinen Rücken an meine Knie gelehnt hat, hoch. Dünn, wie er ist, überragt er in kerzengerader Haltung die Umsitzenden und beginnt zu zittern – immer heftiger und heftiger – der Körper vibriert ekstatisch. Die Männer um ihn herum behalten ihn im Auge. Als er unvermittelt in sich zusammenbricht, fangen sie ihn ganz sanft und liebevoll auf. Ohne diese Hilfestellung wäre er ziemlich übel auf den Felsboden geknallt. Im gleichen Augenblick schießt ein zweiter links von ihm in die Höhe – stöhnt, schimpft und schreit. Die dröhnende Stimme von Betara Tengahing Segara sucht ihn zu stoppen. Doch das will nicht so recht gelingen. Auch der Herumkeifende knickt zusammen, wird aufgefangen und mit *thirta*, heiligem Wasser, besprengt. Doch schon erhebt sich ein Dritter, breitet die Arme weit aus und tanzt mit schlafwandlerischer Sicherheit zwischen uns, die wir dicht gedrängt auf dem Boden hocken, hindurch. Der völlig Benommene wird mit heiligem Wasser zurückgeholt ins normale Wachbewusstsein.

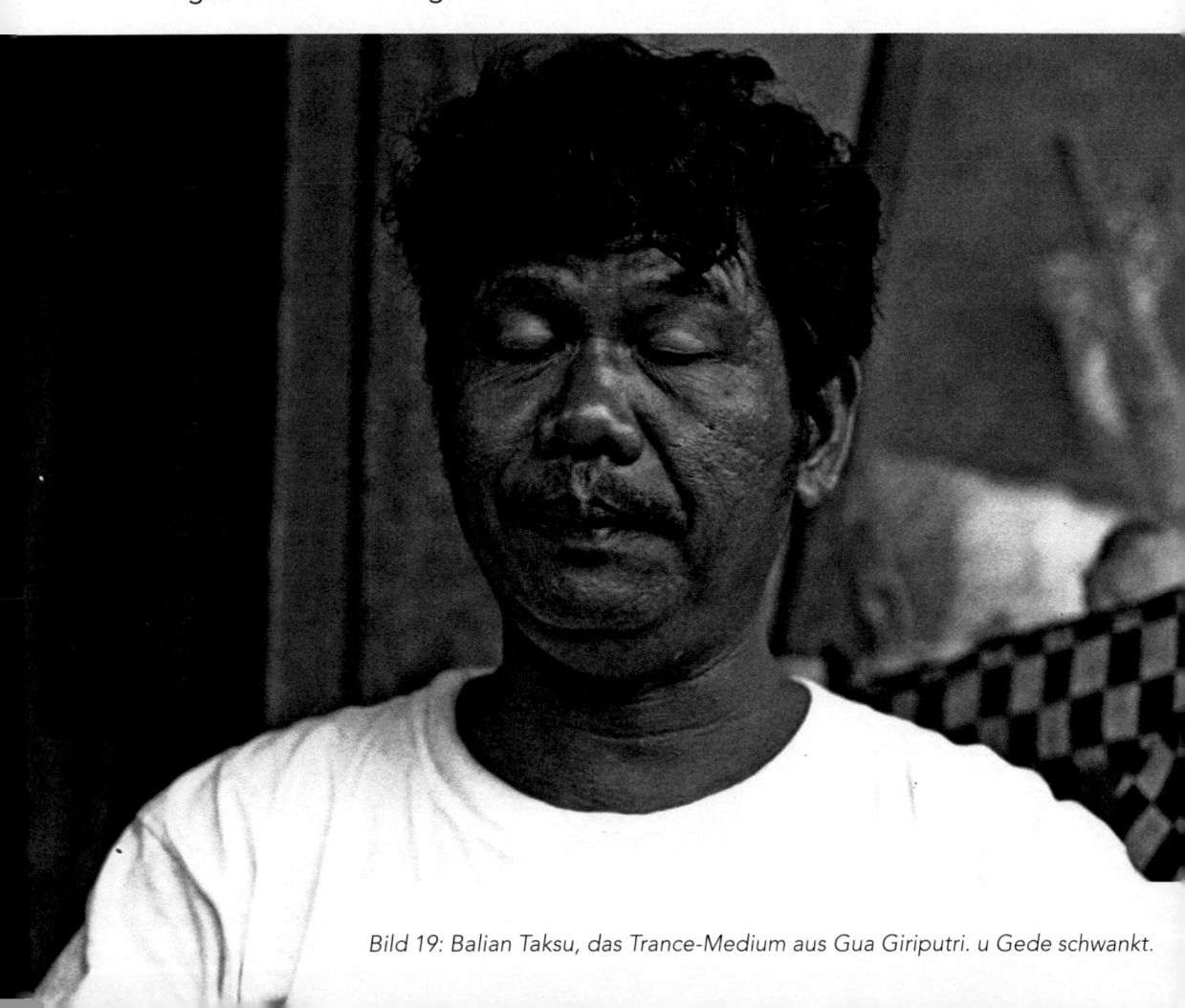

Bild 19: Balian Taksu, das Trance-Medium aus Gua Giriputri. u Gede schwankt.

Bild 20: Schrein von Ratu Gede geschmückt mit saput poleng Tüchern.

Der Balian selbst kommt ganz unspektakulär wieder zu sich. Die Gottheit hat seinen Körper verlassen. Die anderen alle, die ganze Gruppe sucht dann noch mehrere heilige Plätze im Höhlenlabyrinth auf um dort den Gottheiten ihre Reverenz zu erweisen und sich mit heiligem Wasser zu reinigen.

Schwarz und Weiß, die Urgegensätze, die eins sind
Wir befinden uns in einem abgelegenen Tempel, der Ratu Gede zugeeignet ist. Er umfasst auch ein Stück Strand. Wir, das sind einige meiner Freunde aus Bali und ich haben bereits die Nacht im Tempel verbracht und wie viele andere Besucher auch dort auf dem Boden geschlafen. Unsere Köpfe haben wir dabei in der Richtung zum Gunung Agung, den heiligen Vulkanberg von Bali, ausgerichtet.
Es findet gerade ein Odalan, sozusagen ein Geburtstagsfest des Tempels statt. Wie das der meisten Tempel auf der Insel wird auch das entsprechend dem Bali-Jahr alle 210 Tage gefeiert.
Noch ist es früher Morgen. Menschenmassen in traditioneller Tracht füllen die Tempelhöfe. Da und dort bieten die Priester eine *puja* an: Die Gottheit wird verehrt und die Menschen bekommen Tirta, heiliges Wasser, das sie aus der Hand trinken und sich übers Gesicht streichen.
Das *saput poleng* ein schwarz-weiß geschachtes Tuch muss hier wie eine Schürze vor den Sarong gegürtet werden. Das ist hier üblich und auch ich schließe mich dem an. Dies Tuch weist hin auf die Gemeinsamkeit aller Gegensätze. Das Muster ist überall gegenwärtig. Die Tempelschreine sind damit geschmückt und auch Schirme sind mit *saput poleng* bespannt.
Eine Figur von Ratu Gede, in der Größe einer kleinen Puppe, wird zusammen mit der Figur seiner Lebensgefährtin, den Schreinen, die ihre Wohnsitze sind, entnommen und zum Altar in einem offenen pavillonartigen Bau gebracht.
Ein Priester und sein Assistent beginnen nun ganz bedächtig die beiden Gottheiten zu bekleiden und mit Schmuckstücken zu überhäufen. Das Ritual nimmt gut eine Stunde in Anspruch. Anschließend wird Ratu Gede feierlich einem Träger auf den Kopf gesetzt. Vor dem Eingang des Tempels erwarten ihn schon Baris-Tänzer, die ihre Waffen präsentieren. Einige sind bereits in Trance gefallen. Es ist an ihren glasigen Blicken zu erkennen. Hinter Ratu Gede versammeln sich Begleitpersonen, von denen einige kostbare Schirme über die Figur halten. Dahinter reihen sich Menschen in eine Prozession ein, die länger und länger wird. Ein Pfad aus *saput*

poleng Tüchern führt zum Strand. Darauf wandelt der Träger mit der Ratu Gede Figur auf dem Kopf. Ihm schließt sich ein ständig wachsendes Gefolge an.

Bild 21: Ratu Gede wird, begleitet von einer langen Prozession zur See gebracht.

An der See angekommen begeben sich der Träger des kleinen Ratu Gede Idols und die Leute, die ihm unmittelbar folgen, in seichtes Wasser und ziehen darin ihre Kreise: Ratu Gede nimmt ein Bad.
Währenddessen fallen schon ein Mann und dann auch eine Frau in ziemlich heftige Trance. Die in Ekstase geratenen Menschen sind von der Gottheit ergriffen worden. Damit steuern sie sich – so fassen sie das auf – nicht mehr selbst. Ratu Gede ist es, der ihr Verhalten in der Ekstase bestimmt. Dadurch, dass die Menschen in Trance fallen wird aber auch gewissermaßen bestätigt, dass jetzt die Figur des Gottes beseelt ist. Ratu Gede ist also während der Zeit, die das Fest dauert, anwesend.
Schon auf den Hinweg haben einige Leute so gewirkt, als seien sie bereits ergriffen worden.
Doch auf dem Rückweg geht es richtig los. Wenige Männer, aber viele Frauen unterschiedlichsten Alters fangen an, lebhaft zu gestikulieren, die Arme in die Luft zu recken, sich zu drehen und zu wenden und hin und her zu schwanken. Es sind ausgesprochen auffällige und starke Bewegungen, die sie ausführen. Ohne in Trance zu sein würden die Menschen in Bali niemals so extrem agieren.
Die Trance der Frauen endet dadurch, dass sie zusammenbrechen. Freunde und Verwandte fangen sie auf, damit sie nicht auf den Boden stürzen und sich verletzen.

Das mag sich jetzt so anhören, als ob etwa dasselbe geschähe wie beim Bad der Gottheit in Tibu Biyu am Dewi Saraswati Tag. Es gibt jedoch ganz beträchtliche Unterschiede: So ergeben sich hier viel mehr Menschen der Ekstase. Während in Tibu Biu die Trance eher leicht bis gemäßigt ausfiel, handelt es sich hier um ausgesprochen starke Trance. Jedermann kann sofort erkennen, dass Tranceereignisse stattfinden.

Bild 22: Eine Frau, die der Prozession folgt, bewegt sich ekstatisch in Trance.
Auch diese Trance endet mit einem Zusammenbruch.
Eine ganze Reihe von Frauen wird auf ähnliche Weise von Ratu Gede ergriffen.

Bild 23: Frau in Trance. Ich hatte Gelegenheit, mit ihr zu sprechen. Sie bekannte, dass sie zu den Frauen gehört, die sehr häufig in Trance fallen. Und sie gab sich auch ausgesprochen gerne der Trance hin. (Gegen seinen Willen fällt niemand in Trance. Eine positive Grundeinstellung gehört dazu.)

Manche Leute scheinen niemals von der Gottheit ergriffen zu werden, während anderen das ständig widerfährt.

Doch Trance, die sich in starken, ungewöhnlichen und unkoordinierten Bewegungen äußert, ist in Bali vor allem während des Odalan (Tempelfest) für Ratu Gede zu beobachten.

Weissagungen mit den Stimmen der Ahnen

Mit Mande, einem an Religion im Allgemeinen und der Kultur Balis im Speziellen interessierten jungen Mann habe ich ein Interview über seine Ahnen, seine *leluur* gemacht. Ein Ausschnitt daraus folgt hier:

Mande: Mit den *leluur* haben fast alle Balier Erfahrungen. Schließlich dürfen wir die *leluur* nicht vergessen, denn sie haben unsere Familie gegründet. Für sie haben wir einen Platz in unserem Familientempel. Aber wenn wir eine besondere Feier vorbereiten, gehen wir immer zur Wahrsagerin *balian taksu*, um sie zu befragen. Dann kommen unsere *leluur* und sprechen durch die *balian* zu uns.

Frage: Hast Du das auch gemacht?
Mande: Ja – ich habe das häufig gemacht – zum Beispiel, als mein erster Sohn geboren wurde, mein zweites Kind und mein drittes ...... Als mein erster Sohn geboren wurde, ging ich nach drei Tagen zur *balian*. Sie geriet in Trance und sprach mit der Stimme meines inzwischen verstorbenen Vaters, weil mein Vater in meinem Sohn wiedergeboren worden ist. Tatsächlich ist der Charakter meines Sohnes ganz wie der meines Vaters – ein bisschen frech aber clever, und er ist gerne zusammen mit hübschen Mädchen, genau wie mein Vater. Und die Wahrsagerin wusste auch alles, was bei uns zu Hause passiert, zum Beispiel über meinen Vater. Der hatte vier Frauen – und das hat sie alles gesagt. Meine Mutter war seine Lieblingsfrau, weil sie die hübscheste ist und auch die jüngste.....
Ja – obwohl ich in einer modernen Zeit lebe, wir glauben das auch.
Frage: Wie war das beim zweiten Kind?
Mande: Das Zweite ist eine Tochter. Die, die in ihr wiedergeboren ist, stammt aus Kayu Mas – von dort sind meine Groß-Groß-Groß-Eltern. .... Sie war zwischen ihrem Tod und ihrer Wiedergeburt so lange – ich weiß nicht – im Himmel oder in der Hölle.
Sie hat aus der *balian* gesprochen und gesagt, sie kommt ..... von dem großen Dorf, wo meine Familie wohnt, ... sie wollte nicht wieder hin zu meiner großen Familie. In dem Dorf ..... sei die Situation so schlecht, sie wolle lieber zu mir.
Meine Dritte ist die Wiedergeburt eines schon vor langer Zeit verstorbenen *pamangku* (Tempelpriester) .... aus einer Familie, die in der Nähe meines Tempels lebt.
Frage: Und in dieser Tochter ist ein Priester, ein Mann, wiedergeboren?!
Mande: Ein Mann! Ein Mann kann wiedergeboren werden als eine Frau! Die Familie von diesem *pamangku* erlischt! Da lebt nur eine alte Frau. Deshalb konnte dieser *pamangku* nicht mehr dort in seiner Familie wiedergeboren werden. Und so kam er jetzt als Mädchen, zu mir.
Frage: Die *leluur* sind also in die *balian* gefahren, und die hat dann mit deren Stimme gesprochen?
Mande: Ja – die Seele des *pamangku* ist in die ... *balian* hineingegangen. Deswegen kann der *pamangku* durch den Körper der *balian* sprechen. Wir wissen das auch. Denn mein Großonkel, der hat den *pamangku* dort gut gekannt. Deswegen glauben wir das so.

Der Barong kämpft mit der Rangda
Und das habe ich in der letzten Nacht eines Tempelfestes in einem *pura dalem* bei Penebel miterlebt:
Es ist kurz vor Mitternacht: In der Mitte des Vorhofes ist ein Barong aufgestellt, ein roter haariger Löwendrache. Um ihn zum Tanzen und Spielen zu bringen, müssen ihn zwei Männer über sich stülpen. Der Barong sieht aus wie ein Untier, ist aber ein göttlicher Schutzgeist. Seine Gegenspielerin ist die hexenhafte Calon Arang, die Tod und Verderben verbreitet. Frauen treten vor den Barong, um ihn mit einem Begrüßungs- und Opfertanz, dem *pendet*, zu ehren. Drei schon Ältere geraten plötzlich in Trance, hüpfen wie die Federbälle herum, während eine Gruppe jüngerer Mädchen offensichtlich völlig unberührt davon ihre Tanz-Ordnung beibehält. Von irgendwo her kommt ein Mann, zuckt ekstatisch, stöhnt, schreit. Er wirft den Frauen glühende Kohlen aus einem Weihrauchgefäß vor die Füße. Später entpuppt er sich als der vordere der beiden Barong-Träger. Die Aufregung flaut ab. Es sollte noch 1½ Stunden vergehen, bis das Barong-Drama richtig beginnt. Zuvor wird ein zitternder und bebender, dünner junger Mann hereingeführt und in die Südwestecke des Hofes gestellt. Und dann ein zweiter in der gegenüberliegenden Ecke. Und gleich tritt auch der Barong auf und beginnt zu tanzen. Die Männer in den Ecken vibrieren die ganze Zeit. Das Schauspiel setzt ein. Es wirkt zunächst ausgesprochen lustig, ist durchsetzt mit aktuellen Anspielungen.
Der Himmel im Osten wird schon leicht milchig, als endlich der Höhepunkt naht: Die zuckende Calon Arang wird herangeführt. In allen vier Ecken steht jetzt jeweils ein Mann. Alle vibrieren. Die Calon Arang gerät in einen wilden Trancezustand, stürzt sich auf die Schauspieler.

Bild 24: Tempelfest im Pura Dalem in Penebel, Bali. Die dämonische Gottheit Calon Arang stoppt mit der ausgestreckten Hand und einem weißen Tuch die sie mit dem Kris angreifenden Männer.

Die fallen in Trance, richten in diesem Zustand den Malaien-Dolch gegen die eigene entblößte Brust. Obwohl sie sich anstrengen hineinzustechen, verhindern die angespannten Muskeln, dass Verletzungen und Schmerzen entstehen. Während des eindrucksvollen nächtigen Dramas fallen also Darsteller in eine echte Trance. Das ist jetzt kein Theater mehr, das ist Ernst. Der Barong muss eingreifen. Er reißt dem herumtobenden Träger des Hexenkostümes die Maske vom Kopf. Der Erregte muss mit heiligem Wasser beruhigt werden. Was als Schauspiel begann, klingt mit einem Opfer aus – ein schwarzer Vogel muss sein Leben lassen. Der Tempel leert sich. Doch ein Mann kreischt und tobt noch herum – der Barong-Träger. Er wird fürsorglich ins Tempelinnere geleitet und von den Priestern ruhiggestellt – mit einer großen Menge von heiligem Wasser.

Bild 25: Schattenspiel, Wayang Kulit zur Cupak Geschichte. Der Schattenspieler, Dalang, fällt während des Spieles in Trance und bestreitet in diesem Zustand das Spiel. Die Aufnahme zeigt die Situation hinter dem Bildschirm.

Schattenspiel-Ekstase

Wayang Kulit, das Schattenspiel in Bali, ist sehr beliebt. Figuren aus Haut werden von hinten gegen eine Leinwand gehalten und mit einer Kokosölflamme beleuchtet. Auf der Vorderseite sind dann die Schatten zu sehen. Scharf erscheinen sie, wenn die Figuren gegen die Leinwand gepresst werden, mehr oder weniger unscharf, wenn sie in größerem oder kleinerem Abstand vor der Leinwand gespielt werden.

Schattenspiele finden ausschließlich in religiösem Rahmen, etwa bei Tempelfesten und religiösen Zeremonien in Familien anlässlich von Übergangsriten, wie Geburtstag, Zahnfeilung, Geburt und Tod, statt.

Das Spiel ist nichts Profanes. Es geht vielmehr darum, die Geister der Heroen, der Götter und der Ahnen, aber auch der Dämonen zu beschwören und sie als Schatten auf den Bildschirm zu bannen.

Die meisten Themen ranken sich um das uralte indische Epos Mahabharata, manche auch ums Ramayana (Lit.: 19). Daneben kommen auch einige vorhinduistische originalbalische Themen vor. Am bekanntesten ist das schon erwähnte Calon Arang-Thema, das ja auch als Drama mit schauspielenden Menschen vorgeführt wird.

Die Figuren werden nur von einem Mann, dem Dalang, bewegt. Die Helfer spielen nur die Gamelan-Instrumente oder reichen ihm die Figuren zu. Der Schattenspieler spricht auch mit den unterschiedlichen Stimmen der verschiedenen Figuren. Gar nicht so selten fällt er auch in Trance. Das allerdings bekommt man meist gar nicht so richtig mit. Ob er in Ekstase spricht oder nur besonders lebhaft schauspielert, ist, wenn man nur die Stimme hört, schlecht zu unterscheiden.

Deutlich wahrgenommen habe ich das vor allem einmal bei einer Calon Arang Vorführung, dann auch wieder bei der Vorführung der sehr selten aufgeführten Cupak Geschichte. In beiden Fällen konnte ich auch hinter den Schirm blicken und die verzerrten Gesichter der Spieler beobachten. Es erscholl ein unartikuliertes Kreischen, Stöhnen und Brüllen.

Und das hielt mindestens zwei Stunden lang an. So intensiv und anhaltend wie das war, ist das ohne von Trance erfasst zu werden, auch gar nicht hinzubekommen.

Bild 26: Wayang Kulit Szene aus der Cupak Geschichte. Die Aufnahme wurde vor der Leinwand von der Schauseite aus gemacht. Dort kauern die Zuschauer auf dem Boden. (Näheres über das Wayang Kulit in „Die Schattenwelt Indonesiens" Lit.: 19)

Aus Made spricht sein Vater

Sein Vater war bereits vor vielen Jahren verstorben und in einem feierlichen *ngaben* (cremation, Verbrennungsfeier) eingeäschert worden. Nun saß Made mit Cousins und anderen Verwandten zusammen. Sie tranken Kaffee und unterhielten sich. Anlass für ihr Treffen war eine Familienfeier. Einem Vetter, der gerade die Pubertät erreichte, wurden die Zähne gefeilt. Die Zahnfeilung (Volkssprache *masangih*, Hochsprache: *mapandes*) in Bali ist ein Ritus, der den Übergang vom Kind zum Erwachsenen markiert (und hat einen Sinn, der dem der Jugendweihe beziehungsweise der Konfirmation bei uns entspricht). Bei Mädchen wird sie nach der Erstmenstruation vollzogen. Sechs obere Eck- und Schneidezähne werden von einem Priester ebenmäßig gefeilt, wobei heute das Feilen nur noch symbolisch angedeutet wird. Dadurch sollen dem Menschen innewohnende, als negativ eingeordnete Leidenschaften, wie Wut, Habgier, Lüsternheit, Trunksucht, Unvernunft und Eifersucht gebändigt werden. Die Feier selbst wird normalerweise von einer größeren Anzahl von Familien mit Jugendlichen im entsprechenden Alter gemeinsam begangen. Die Menschen sind bei einem solchen Anlass festlich gestimmt. Davon wurde nun auch Made ergriffen. Als die Klänge eines Gamelans ertönten, fiel Made in Trance. Und dann kam es aus ihm heraus – die Stimme seines Vaters. Die klang zornig und machte Mades Verwandten lebhafte Vorwürfe, unter anderem weil sie sich über die Nutzung eines von ihm hinterlassenen Gartens nicht einigen konnten. Es war heftig, was des Vaters Stimme so von sich gab. Doch dann endet auch diese Philippika und Made brach zusammen. Die Verwandten gaben ihm etwas zu trinken, wuschen ihm das Gesicht und holten Made allmählich in die Welt des Bewussten zurück.

Die Kultur Balis lässt nicht zu, dass starke Gefühle, vor allem aber negative Emotionen gezeigt werden. Hätte Made selbst seinen Verwandten lautstark die Leviten verlesen, wäre das gar nicht gut angekommen. Er hätte sich damit ausgegrenzt aus der Gemeinschaft. Die Zornesorgie in Trance jedoch wurde von den Betroffenen geschluckt. Wird eine Situation so unhaltbar, dass sie unbedingt nach den in Bali verpönten deutlichen Worten verlangt, so kann so ein Tranceereignis einen Ausweg bieten. (Ich kann mir gut vorstellen, dass dadurch auch die Gefahr eines Amoklaufes verringert wird.)

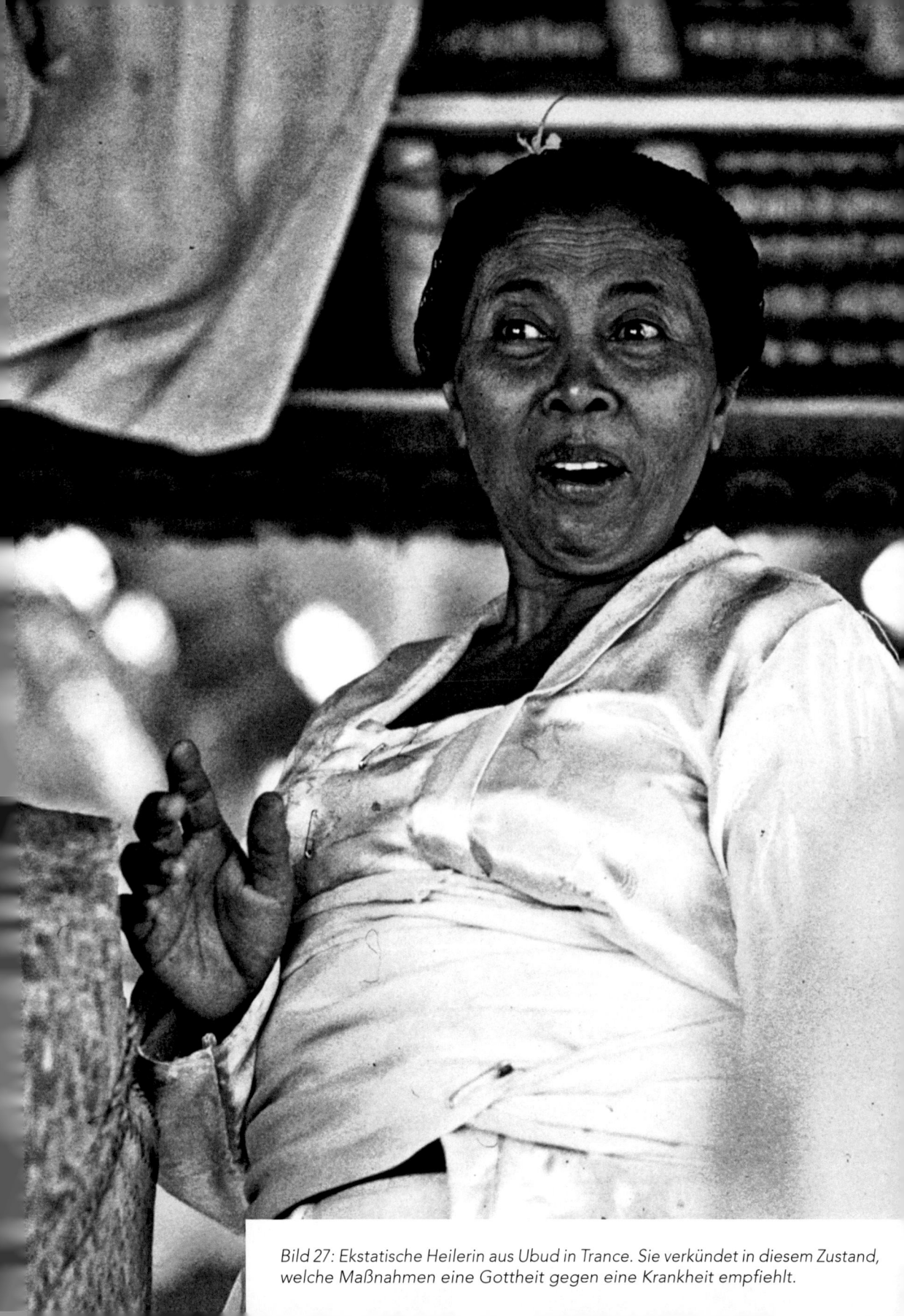

Bild 27: Ekstatische Heilerin aus Ubud in Trance. Sie verkündet in diesem Zustand, welche Maßnahmen eine Gottheit gegen eine Krankheit empfiehlt.

Heilerinnen und Heiler

Die Menschen in Bali suchen Heiler, genannt Balian oder Dukun, auf, aber auch Ärzte und Krankenhäuser, je nachdem, was ihnen im Augenblick als besser erscheint. Insbesondere Heilerinnen spielen eine große Rolle. Oft sind sie auch zugleich zuständig für die Beschaffung verlorener Dinge, und auch für Zukunftsprognosen. Interessanterweise werden sie nur nach der Behandlung und entsprechend dem Behandlungserfolg honoriert. Ich konnte Heiler und Heilerinnen besuchen und dabei sein, wenn sie Patienten behandelten.

Zu Beginn der Behandlung hielten sie ein kurzes Opferritual ab. In dessen Verlauf fielen sie in Trance. Gelegentlich unterstützten sie das durch Hyperventilierung. Dann befragten sie den Patienten mit der Stimme der Gottheit, die von ihnen Besitz ergriffen hat. Die Gottheit erklärte auch den Erkrankten, was sie zu tun hätten, um wieder gesund zu werden. Allerdings sind die Aussagen bildhaft vieldeutig und müssen von den Patienten und ihren Familienangehörigen interpretiert werden. Aufgewacht aus der Trance, an deren Verlauf sie keine Erinnerung hatten, führten sie noch ein therapeutisches Gespräch mit ihrem Patienten.

Ein Sonderfall stellte ein Balian dar, der nicht heilte, sondern allgemeine Problemlösungen anbot, gerade auch für westliche Besucher. Es ging dabei um so eine Art von Séance: Er hörte sich die Klienten an, teilte die Probleme dann seiner Frau mit. Sie wirkte sozusagen als Medium. Mit Hilfe einer großen Menge abgebrannten Weihrauches versetzte sie sich in eine ausgesprochen lebhafte Trance, die mit einem Zusammenbruch endete.

Das was sie während der Trance mit einer völlig veränderten Stimme von sich gab, wurde von ihrem Mann interpretiert, zum Beispiel so:

Das Medium traf sich in Trance mit dem verstorbenen Vater der Klientin, legte dem die Probleme vor und erfuhr von ihm, was zu machen sei. Fast immer ging es um ungelöste Trauerprobleme, um schlechtes Gewissen, etwa weil jemand beim Tod des Vaters oder auch eines anderen nahen Angehörigen nicht anwesend war. Ich möchte hier nicht entscheiden, ob das alles wirklich wahr ist, oder ob man es als „fake" ansehen muss. Nun hatte ich aber immer Gelegenheit, mit den Betroffenen hinterher noch zu sprechen. Es stellte sich eigentlich durchgehend eindeutig heraus, dass die Sitzungen sehr effektiv waren. Die zuvor doch als sehr belastend empfundenen Trauerprobleme, wurden als gelöst angesehen.

Bild 28: Die ekstatische Heilerin Hidung Landang in Trance.

Entsprechung Mikrokosmos Makrokosmos
In Bali wird selbstverständlich angenommen, dass die Seelenkraft einer Gottheit, eines verstorbenen und vergöttlichten Ahnen oder auch eines Dämonen während der Trance-Besessenheit vorübergehend in den Menschen eindringt und die Steuerung über seinen Körper übernimmt.

Nun ist aber nach balischer Vorstellung der Mensch selbst, jeder Mensch, eine verkleinerte Kopie des gesamten Kosmos, mit all seinen Göttern und Dämonen. In diesem Sinne wirken die göttlichen, wie die dämonischen Kräfte gleichsam synchron ein, sowohl in der großen Welt *buwana agung*, dem Universum, wie auch in die kleine Welt *buwana alit*, dem menschlichen Bewusstsein.

Das bedeutet jedoch, dass das Göttliche oder Dämonische, das von ihm während der Trance Besitz ergreift, bereits im Menschen vorhanden ist. Es kommt also zugleich aus dem Makrokosmos von außen und aus dem Mikrokosmos von Innen. Der Unterschied zwischen dem Subjekt und dem Objekt, der Innenwelt und der Außenwelt, dem Ich und dem Du, ist aufgehoben.

Vertraue ich nun darauf, dass im Menschen göttliche und dämonische Seelenkräfte – gleichgültig ob wir sie als Geist oder als brahma/atman bezeichnen – wirksam sind, dann können im Bereich des Geistigen innere Ereignisse zugleich äußere sein und umgekehrt.

Der westliche Mensch sieht sich als Ich-Persönlichkeit von allem Anderen deutlich abgegrenzt. Und er hat Angst davor, die Kontrolle über sein Ich zu verlieren. Die Menschen in Bali dagegen empfinden sich als Einheit mit ihrer Umwelt. Die Götter sind in ihrer Psyche genauso aktiv tätig, wie in unserer das Über-Ich – und die Dämonen, wie in uns der Inhalt unseres Unbewussten. Die *anak Bali* genießen es eher, die Kontrolle über ihren Körper an jenseitige Mächte abzugeben, als dass sie es fürchten. Sie empfinden es als große Auszeichnung, wenn Geistwesen ihren Körper zeitweise als Aufenthaltsort wählen.

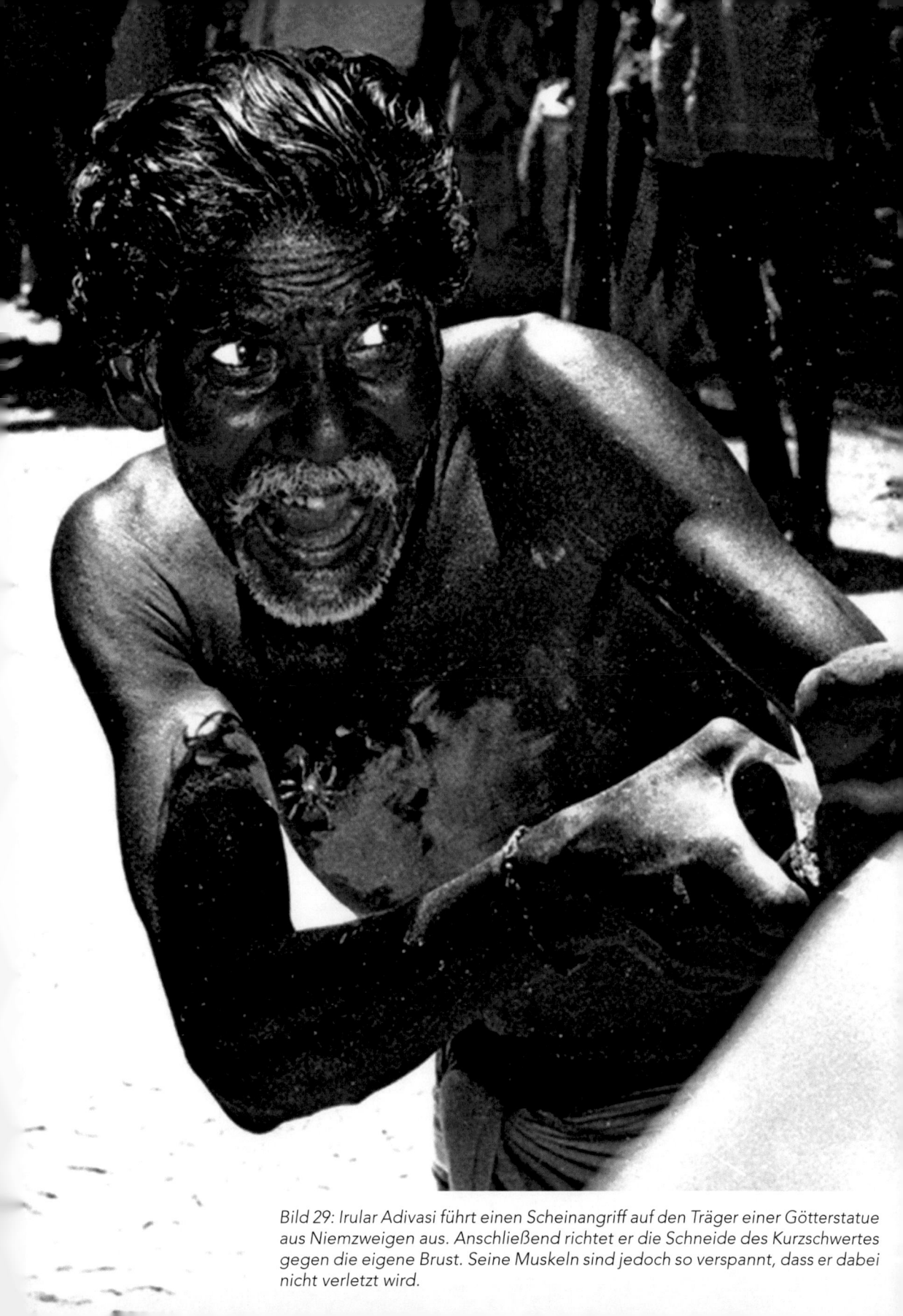

Bild 29: Irular Adivasi führt einen Scheinangriff auf den Träger einer Götterstatue aus Niemzweigen aus. Anschließend richtet er die Schneide des Kurzschwertes gegen die eigene Brust. Seine Muskeln sind jedoch so verspannt, dass er dabei nicht verletzt wird.

Trance in Indien bei einer Adivasi-Gruppe

Von Bali her, war ich schon mit Tranceereignissen vertraut, als ich Trance in sehr ausgeprägter Form schon während meines ersten Besuches des alljährlich wiederkehrenden Adimasam Festes der Irular erlebte. (Inzwischen habe ich vier Mal daran teilgenommen.)
Die Irular gehören zu den Ureinwohnern Indiens. Man nennt sie auch indigene Völker, in Indien Adivasi.
Ureinwohner – von denen weiß man, dass sie in Afrika angesiedelt sind oder auch in Amerika (nord- und südamerikanische Indianer!). Aber in Indien? Gibt es da wirklich indigene Völker? Ja – die gibt es. Nach Afrika weist der Subkontinent die zweitgrößte Anzahl an indigenen Völkern auf. Es sind knapp 700 unterschiedliche Adivasi-Ethnien mit zum großen Teil auch unterschiedlichen Sprachen.

Eines dieser 700 Völker ist das Volk der Irular. Es ist verhältnismäßig klein, umfasst etwa ein halbe Million Menschen in Südindien – vor allem in Tamil Nadu, aber auch in Kerala, Karnataka und Andra Pradesh. Die Gesamtzahl aller Ureinwohnervölker liegt jedoch bei 100 Millionen. (Deutschland 80,8 Mio. Einwohner.) Jeder 12. Inder ist also ein Adivasi. Die Irular haben, wie alle Adivasi, eine ganz andere Einstellung zum Leben, als die dominanten indischen Gesellschaften (Hindus, Moslems, Christen).
Positiv fällt besonders auf, dass, in völligem Gegensatz zur Mehrheitsgesellschaft, bei ihnen die Frauen gleichberechtigt sind und Kinder sehr liebevoll umsorgt aufwachsen. Ganz wichtig ist jedoch auch zu wissen: Die Adivasi stehen außerhalb des indischen Kastensystems.
Die Irular betreiben nicht, wie die meisten Adivasi-Gruppen, eine einfache Form von Landwirtschaft, sondern waren Kleintierjäger und Sammler. 1978 wurden sie aus Wäldern und Savannen, die sie bis dahin durchstreiften, ausgesperrt. Heute leben sie verstreut auf kleinen Weilern (nicht wie die Adivasi in Ostindien in ausgedehnteren Landstrichen). Seither fristen sie ein elendes Leben als unausgebildete und unterbezahlte Lohnarbeiter. Ihre Kultur haben sie sich allerdings noch erhalten können.
Ich komme seit 20 Jahren alljährlich mit meinen Freunden den Irular aus fünf Ansiedlungen zusammen. Unser kleiner Verein „Zukunft Irular e.V." fördert die Schulausbildung der Kinder und die Berufsausbildung der

Erwachsenen. Die Ziele sind einerseits, den Menschen ein auskömmliches Leben innerhalb und zusammen mit der indischen Gesellschaft von heute zu ermöglichen, andererseits, ihre menschenfreundliche Kultur zu erhalten. Zur Kultur gehören ihre Rituale, Gesänge, Tänze, aber auch die Trance, die ich dort inzwischen sogar noch etwas häufiger dort erlebt habe, als in Bali. Dadurch stellt sich mir natürlich erneut die Frage: Welche Bedeutung hat Trance für die Menschen.

Bild 30: Shanjivi, Sozialarbeiterin, bringt vor dem heiligen Baum der Gottheit Kanniyammal ein Opfer dar. Zwischendurch fällt sie unvermittelt in Trance.

Shanjivi – Sozialarbeiterin und Sprachrohr der Gottheit

Shanjivi, eine junge humorvolle Frau, für uns als Sozialarbeiterin tätig, ist außerordentlich engagiert und bringt die Sache der Irular ganz tatkräftig voran. Shanjivi verhandelt selbstständig mit den Behörden, hält die Eltern an, ihre Kinder auch wirklich zur Schule zu schicken und leitet mit viel Elan und Geschick eine Selbsthilfegruppe von Irular-Frauen. Zugleich ist sie aber tief eingebunden in die Traditionen der Irular-Kultur. Sie bringt zum Beispiel in ihrem Wohnumfeld Opfer für Kanniyammal, ihre Gottheit, dar. Das geschieht auch innerhalb des Dorfes oft vor einem Niembaum, in dem sich die Gottheit gewissermaßen verkörpert.

Bild 31: Während sie die puja darbrachte wurde Shanjivi von der Gottheit ergriffen. Aus der jungen Frau sprach die Stimme der Göttin.

Unlängst konnte ich sie beobachten, wie sie zusammen mit ihrer Freundin Singari vor einem Niembaum mitten im Dorf ein Opfer darbrachte. Plötzlich begann sie zu zucken, verfiel in wilde unkoordinierte Bewegungen, ruderte wild mit den Armen und ließ ihren Kopf heftig kreisen.
Und dann redete sie laut mit einer fremden Stimme auf Singari ein, mit der Stimme der Göttin Kanniyammal. Und Singari antwortete. Sie hatte große familiäre Probleme. Die Stimme der Gottheit riet ihr, was sie machen sollte, damit alles wieder ins Lot käme.

Schließlich brach Shanjivi zusammen. Gehalten von Singari und mit Wasser versorgt, kam sie allmählich wieder zu sich und wirkte dann rasch ganz entspannt. Shanjivi war ohne äußeres Zutun in eine tiefe Trance gefallen. Was während des besonderen Zustand der Trance geschieht, was sie spricht, nimmt sie selbst nicht wahr, und sie erinnert sich auch nicht daran.

Das war durchaus kein einmaliger Fall. Shanjivi passiert das häufiger, besonders an religiösen Festtagen. Ihr ist eine schamanische Begabung eigen.
Sie erzählte mir, dass sie zunächst, als ihr das als junges Mädchen erstmalig passiert war, von einem starken Gefühl der Angst ergriffen worden war. Aber jetzt hat sie sich daran gewöhnt und fühlt sich sehr gut dabei.

Das heißt, sie arbeitet als Sozialhelferin, vielleicht besser gesagt „als soziale Helferin" sowohl im modernen Sinn, als auch im Rahmen ihrer traditionellen Kultur. Das ist eine sehr wertvolle Kombination, die eine störungsfreie Entwicklung der Volksgruppe gewährleistet und verhindert, dass die Ureinwohner durch zu wenig durchdachte Entwicklungsmaßnahmen ihrer Kultur entfremdet werden.

Nun gehört Trance zu den Dingen, die uns sehr fremdartig erscheinen, weil wir sie in unserem Umfeld nur in seltenen Ausnahmen erleben. Den indigenen Völkern Asiens, Afrikas und Lateinamerikas, insbesondere den Menschen in Bali und nicht zuletzt für die Irular ist Trance etwas sehr Vertrautes, mit dem sie häufig konfrontiert werden. Alltäglich, im Sinne des Wortes, ist der ekstatische Zustand nicht. Er kommt immer nur in religiösem Zusammenhang vor, insbesondere an Festtagen.

Bild 32: Die aus Shanjivi sprechende Gottheit berät ihre Freundin.

Das Adimasam-Fest

Festtage, wie das viertägige Fest im Monat Adimasam, Ende Juli oder Anfang August, verlaufen ausgesprochen heiter. Insbesondere die Frauen sind richtig aufgekratzt. Man macht Späße und man tanzt sehr lebhaft zu Trommelrhythmen und Gesängen. Es tanzen Jung und Alt. Auch recht betagte Frauen tanzen und singen was das Zeug hält. Bei solchen Gelegenheiten werde auch ich aufgefordert mitzutanzen und ich tue das auch gerne, zumal die Melodien, die die Irular spielen, ausgesprochen mitreisend sind. Man freut sich, weil man die Gottheit erwartet, von der angenommen wird, dass sie am Fest teilnimmt.

Ich selbst werde voll einbezogen in das Festleben.
Das bedeutet dann natürlich auch, dass mir gleich zu Anfang durch die Markierung mit gelber Farbe die Teilnahme am Göttlichen vermittelt wird und ich durch rote Farbe mit weiblicher Energie versorgt werde.
Der Sinn des Festes ist es, dass Menschen und Gottheit zusammenkommen und zusammen feiern. Zu Beginn des Festes wird so eine Art Figur der Gottheit geformt und zwar aus den Zweigen des Niembaumes mit seinen antiseptischen Blättern. Von diesem Gebilde soll dann die Gottheit Besitz ergreifen. Anschließend wird sie, um die Menschen zu segnen, von Hütte zu Hütte getragen. Vor den Behausungen wartet jeweils schon die Frau des Hauses, um ein Opfer darzubringen.

Die Basis der Götterstatue ist ein Krug. Bevor er die Zweige aufnimmt, muss er besonders behandelt werden. Zunächst ist er gelb und rot markiert worden, dann kommen insgesamt vier wichtige Dinge in ihn hinein: Wasser und Feuer, Letzteres in Form eines brennenden Kampferstückes und, wie eigentlich zu erwarten, Niemblätter, aber auch Münzen.
Nun ist davon auszugehen, dass in all diesen Bräuchen auch ein Sinn liegt. Wenn wir in irgendeinem keinen Sinn darin finden, dann haben wir ihn eben nicht erkennen können. Das kommt natürlich vor.
Ich denke aber, dass in diesem Fall die Bedeutung ziemlich klar ist:
Wir haben einerseits die Beziehung Wasser und Niemlaub. Das Niemlaub ist auf Wasser angewiesen. Sowohl Wasser als Laub gehören zum Bereich Natur.
Dann haben wir die Beziehung Feuer und Metall. Zum Herstellen von Münzen ist Feuer nötig. Feuer und Münzen gehören zum Bereich Kultur.
Zwischen den beiden Beziehungen besteht also ein Gegensatz, nämlich Natur – Kultur. Alles zusammen ist eine Art Kurzformel für die Gesamtheit des Seienden, für den Kosmos.
In dem so präparierten Topf werden erst Niemzweige arrangiert und mit Schnüren zu einem baumähnlichen Gebilde zusammengebunden. Es repräsentiert jetzt mit dem Topf zusammen die Gottheit.
Die Figur wird mit Blütengirlanden geschmückt.
Man muss dazu wissen, dass generell in Indien Götterbildern, Statuen von historischen Persönlichkeiten, wie von Gandhi oder Dr. Ambedkar, aber auch Gästen, die geehrt werden sollen, Girlanden umgelegt werden.

Bild 33: Das Gebilde aus Niemzweigen wird mit Girlanden geschmückt. Es gilt als eine Figur der Göttin Kanniyammal.

Während die Figuren gestaltet werden, was um die drei Stunden in Anspruch nimmt, intonieren Trommeln, vor allem, wenn die Arbeit schon fortgeschritten ist, mitreißende Rhythmen. Frauen werden dadurch dazu hingerissen, zu singen und zu tanzen. Daraus entwickelt sich dann oft schon eine mittelschwere Trance.
Geht die Statue ihrer Vollendung entgegen, wird ein Papagei, heutzutage gern aus Plastik, darauf angebracht. Er erinnert daran, dass die Göttin mit Vorliebe in der Form einer Schlange oder eines Papageis zu Besuch kommt.

Bild 34: In Trance: Mit weitgehend geschlossenen Augen, wankt und schwankt sie vor der Prozession einher.

Als vollendet gilt die Statue aber noch nicht. Das ist sie erst dann, wenn die Gottheit von ihr Besitz ergriffen hat. Schließlich wird Kanniyammal angefleht, zu erscheinen. Es wird solange die Gottheit gerufen, bis zumindest einer der Anwesenden in Trance fällt und das Gebilde einem jungen Mann auf den Kopf setzt, der sich schon darauf vorbereitet hat, Träger für die Gottheit zu sein. Er ist ebenfalls bereits in einen ekstatischen Zustand geraten.

Dass die Gottheit tatsächlich von den Gebilden aus Blättern und Blüten Besitz ergriffen hat und sich darin verkörpert, zeigt sich eben darin, dass schließlich mehrere Frauen und Männer in Trance fallen. Wenn also die Menschen ergriffen werden, ist sozusagen bewiesen, dass auch die Figur gottesbeseelt ist. Der Träger bringt dann die Gottheit in das etwa 30 Geh-Minuten entfernte Dorf. Ihm zur Seite schreiten Mädchen, die Attribute der Gottheit tragen, darunter auch eine Peitsche aus Faserstoffen. Dem Zug folgen die Leute aus dem Dorf.

Eines der Mädchen geht schwankenden Schrittes, mit geschlossenen Augen vor der Gottheit einher. Sie ist in Trance. Trance äußert sich auf sehr verschiedene Art und Weise und wir erleben hier an einem Tage und an einer Stelle verschiedene Formen davon. Wie auch die anderen Teilnehmer hat das Mädchen ihr Gesicht markieren lassen – mit dem göttlichen Gelb und dem energiespendenden Rot.

Der Leiter der Zeremonie erweckt sie nach einiger Zeit aus der Trance. Die Gottheit wird gebeten, in ihr Niemlaub zurückzukehren, und dazu wird der jungen Frau ein Büschel Niemlaub angeboten.

Während die Prozession langsam unterwegs ist, gerät sie immer wieder ins Stocken – und zwar immer dann, wenn ein Teilnehmer mit entblößter Brust oder auch eine Teilnehmerin, von lebhaften Zurufen ermuntert, zum Kurzschwert greift und die Gottheit mit dessen Schneide bedroht. Er stößt ihr die Waffe ein paar Mal entgegen, wendet sich dann den verschiedenen Himmelsrichtungen zu, die er ebenfalls mit dem Schwert bedroht. Dann schmettert er die Schneide mehrfach gegen die eigene Brust. Erstaunlicherweise sind seine Muskeln derart verspannt, dass er sich dabei nicht verletzt. Er spürt keinerlei Schmerz, da er in tiefe Trance versunken ist. (Das alles hat nichts aber auch gar nichts mit den schmerzhaften Selbstverletzungen zu tun, die sich die Hindus bei manchen ihrer Tempelfeste mit voller Absicht selbst zufügen, um Schmerzen zu erleiden!)

Anschließend geht er zu Boden und hebt eine Hand, bereit sich mit einer Faserpeitsche auf die Handgelenke schlagen zu lassen, bis die emotional stark beteiligten Umstehenden, „genug, genug" (potum, potum) rufen.

Das alles endet mit einem Zusammenbruch, der einen Zustand ähnlich einer Ohnmacht einleitet. Dabei versteift sich der Körper total. Der Stürzende wird von Freunden und Verwandten aufgefangen. Sie übergießen ihn mit Wasser, geben ihm vor allem zu trinken, um seinen enormen Wasserverlust auszugleichen. So kommt er wieder zu sich, wird sich endlich seiner selbst wieder bewusst. Die Prozession ist inzwischen weitergeschritten.

Es gibt für diese besondere Trancesituation ein sehr aufschlussreiches Lied der Irular:

> „Die Sonne und der Mond stehen am Himmel morgen früh.
> Anbetende werde ich das Schwert darbringen!
> Gott Sonne und Göttin Mond werden morgen früh scheinen.
> Doch ich kann nicht wissen, was sein wird, o Gottheit.
> Kann ich Dir vertrauen, Gottheit?
> Kann ich Dir vertrauen, Gottheit?
> Wenn ich sterbe geschmückt mit Jasmin Blüten!
> Und füge Kanagam Blüten und Sandelpulver hinzu!
> Füge Sandelpulver hinzu, o Gottheit!"

Bei dieser Trance mit der Kurzschwertattacke gegen sich selbst wird also das Durchleben der Trance als Durchgang durch den Tod verstanden. (Dies ist nicht ganz ungewöhnlich. Dass Trance-Ereignisse als eine Art Sterben aufgefasst wird, kommt auch in andere Kulturen vor (Lit.: 18.))

Gerade in diesem Trance-Ritus mit Schwert und Peitsche wird spürbar, das diese heftige Trance auch dazu dient, all das, was sich im Laufe der Zeit an negativen Empfindungen, wie Trauer, Angst, Schuld, Zorn, angehäuft hat, aus sich herauszuschlagen.
Diejenigen, die das erlebt haben, erzählen jedenfalls hinterher davon, dass sie sich an nichts erinnern, dass sie, wieder aufgewacht, völlig erschöpft sind, dass sie sich aber auch befreit fühlen und erlöst von allen Beschwernissen.

Bild 35: Er stößt die Schneide des Kurzschwertes mehrmals gegen die eigene Brust. Dabei entstehen keine Verletzungen.

Bilder 36/37: Oben: Der Arm ist ausgestreckt. Die Schläge mit der Graspeitsche werden erwartet. Unten: Der Zusammenbruch. Damit endet die Trance.

Bild 38: Auch Frauen richten die Schneide des Schwertes gegen die eigene Brust. Das allein schon zeigt an: Bei den Irular, wie auch bei anderen Adivasi, sind Frauen und Männer gleichberechtigt.

Dass auch Frauen den Trancezyklus mit Schwert und Peitsche auf sich nehmen bestätigt, dass Männer und Frauen in der Irular Gesellschaft als gleichrangig betrachtet werden.

Ich bin überaus dankbar dafür, dass ich das alles aus nächster Nähe erleben konnte und Einsicht darin bekam, welcher tiefere Sinn diesem Brauchtum innewohnt.
Ich war übrigens sehr davon überrascht, dass auch die Irular eine Stichwaffe gegen die Brust richteten, ohne sich zu verletzen oder sich Schmerzen zuzufügen. Ich hatte es für eine Besonderheit des *ngureg* in Bali gehalten. Es kommt aber offensichtlich häufiger vor, ohne dass irgendwelche Querverbindungen zu sehen sind, die eine gegenseitige Beeinflussung erklären könnten. Daraus können wir folgern, dass es sich dabei um eine archetypische Erscheinung im Sinne C.G. Jungs handelt. Sie ist tief in dem verwurzelt, was wir als „kollektives Bewusstsein" ansehen. Dass so etwas wie ein kollektives Bewusstsein tatsächlich existiert, das lassen einige neuere Erkenntnisse als wahrscheinlich erscheinen.

Trance im Spiel
Sobald die Niem-Gottheit im Dorf angelangt ist, formiert sich eine kleine Gruppe mit einem Trommelnden und mit jemand der singt. Die Gottheit aus Gezweig wird von Haus zu Haus zu Haus getragen. Überall werden Opfer dargebracht. Im Gegenzug spendet die Gottheit ihren Segen.

Die Prozessionen von Haus zu Haus und die Opferungen werden auch nachts fortgesetzt. Ansonsten sind die Nächte in der Festzeit zum entspannten Feiern da.

Die Erwachsenen singen und tanzen, bieten kleine Sketche dar. Am Aufregendsten ist das aber alles für die Kinder. Ihre Eltern haben für die Festtage ein schönes Kleid für ihre Kleinen sich vom Munde abgespart.

Die Kinder tanzen zu den Gesängen und den mitreißenden Rhythmen der Trommeln, die die ganze Nacht hindurch ertönen.

Bild 39: Am Abend des Adimasam Festes tanzen, singen und spielen die Kinder. Gar nicht so selten ist zu sehen, dass sie auch „wir fallen in Trance" spielen. Spielerisch eignen sie sich das Brauchtum der Erwachsenen an.

Gar nicht so selten spielen die Kinder die Tranceereignisse nach. Da die Kinder bei den Irular von nichts ausgeschlossen werden, haben sie das ja alles miterlebt. Auch sie haben mit den Erwachsenen zusammen die Gottheit laut angerufen, damit der eine oder andere in Trance versetzt wird. Dann spielen sie das nach. Mit einem Messer, welches das Kurzschwert darstellt, schlagen sie sich auf die Brust. Dann hocken sie sich nieder und heben den Arm hoch um sich peitschen zu lassen. So erlernen sie das und bereiten sich spielerisch darauf vor. Die Kinder wachsen in die Trancekultur hinein.

Im Übrigen kommen während der gesamten Festzeit immer wieder Trance-Ereignisse verschiedener Art vor. Manche Männer krabbeln während der Prozessionen, in Trance gefallen, wie Tiere auf allen Vieren mit. Sie halten Niemzweigbündel mit dem Mund fest. Eindrucksvoll sind aber auch die Verwandlungen in Tigergottheiten. Frauen tanzen wild und weissagen. Für die westliche Welt bedeutet Trance eine Einschränkung der Wahrnehmung. Die, die in Trance fallen, reden und handeln, ohne sich dessen bewusst zu werden, was mit ihnen und um sie herum geschieht.
In Asien, auch in Afrika und Lateinamerika sieht man das so, dass die Betreffenden von einer Gottheit ergriffen und von ihr gewissermaßen fremdgesteuert werden. In Trance Gefallene werden sozusagen aufgefasst, als zeitweise in Marionetten Verwandelte, deren Fäden eine Gottheit zieht.

Dass eine Erscheinung wie Trance, die uns doch ziemlich befremdlich und ungewöhnlich, möglicherweise auch unheimlich vorkommt, bei den Irular, aber durchaus auch in anderen traditionellen Gesellschaften, so eine bedeutende Rolle spielt, hat Gründe:
Trance erleichtert das Leben des Einzelnen und dient dem Zusammenhalt der Gemeinschaft. Inwiefern ist das so?
Zum einen: Eine Seherin und Schamanin, wie Shanjivi, wird von der Gottheit erfasst, damit die Gottheit Probleme in der Gemeinschaft durch ihren Mund lösen kann. Das gilt für den Umgang mit Krankheiten, das Trösten bei Trauer, für Zuspruch in allerlei schwierigen Situationen.
Zum anderen fallen viele Irular an den Festtagen entweder vorgeplant oder ganz spontan in eine heftige Trance. Die ekstatischen Zustände unterbrechen wohltuend das träge Dahinfließen des alltäglichen Lebens. Und das ist absolut notwendig.

Man kann nicht immer gleichmäßig vor sich hin leben und dabei noch die Harmonie in der Gemeinschaft aufrechterhalten. Wir brauchen dazwischen psychische Explosionen, in denen wir uns freikämpfen von allem Schwierigen und Schmerzlichen, das sich in uns angesammelt hat.

Unsere Konfrontation mit der Trance bei den Irular wirft natürlich auch die Frage auf, inwiefern nicht auch für uns der Wechsel zwischen alltäglichem Gleichmaß und festtäglicher Ekstase von Bedeutung ist, und ob wir dafür so ritualisierte, gemeinschaftliche und damit problemlose Lösungen finden können, wie das den Ureinwohnern gelingt.

Kundige
Vor allem an den Festtagen findet man immer wieder „Spezialisten". Die sitzen an einer etwas abgelegenen Stelle und sind in Trance. Sie schlagen eine Trommel und beraten einen Klienten. In der Regel sind sie in Begleitung, oft ihrer Frau, die das, was sie sagen, zu interpretieren hat. Ich möchte sie Kundige nennen, weil sie zwar hautsächlich Heilunterstützung leisten, aber eben auch die Menschen mit der göttlichen Stimme, die aus ihnen tönt, bei anderen Problemen beraten.
Manche sind Schamanen. Das heißt sie unternehmen auch die schamanische Trance-Reise in die andere Welt. Dies ist besonders notwendig, wenn jemand verstorben ist. Dann reist die Schamanenseele zusammen mit der Seele des Dahingeschiedenen in die andere Welt, um dort einen für sie geeigneten Aufenthaltsplatz zu finden.
Einmal während eines Festes habe ich erlebt, dass ein Kundiger mit einer Trommel in den Händen für 1½ Stunden in Trance fiel. Die Stimme der Gottheit sprach zu seiner Frau, die neben ihm hockte und dann auch einmal kurzzeitig in Trance fiel. In diesem Fall ging es darum, das die Gottheit erläutert, welche ihrer Anregungen und Bedingungen berücksichtigt werden sollte, damit das Fest zu ihrer Zufriedenheit verläuft.
Das Ehepaar hatte ansonsten keine irgendwie herausragende Position. Beide arbeiten als Dienstleistende in einem Haushalt.

Bild 40: In Trance trommelt er und spricht mit der Stimme der Gottheit, die ihn ergriffen hat.

Bild 41: Ein Zusammengebrochener kommt allmählich wieder zu sich.

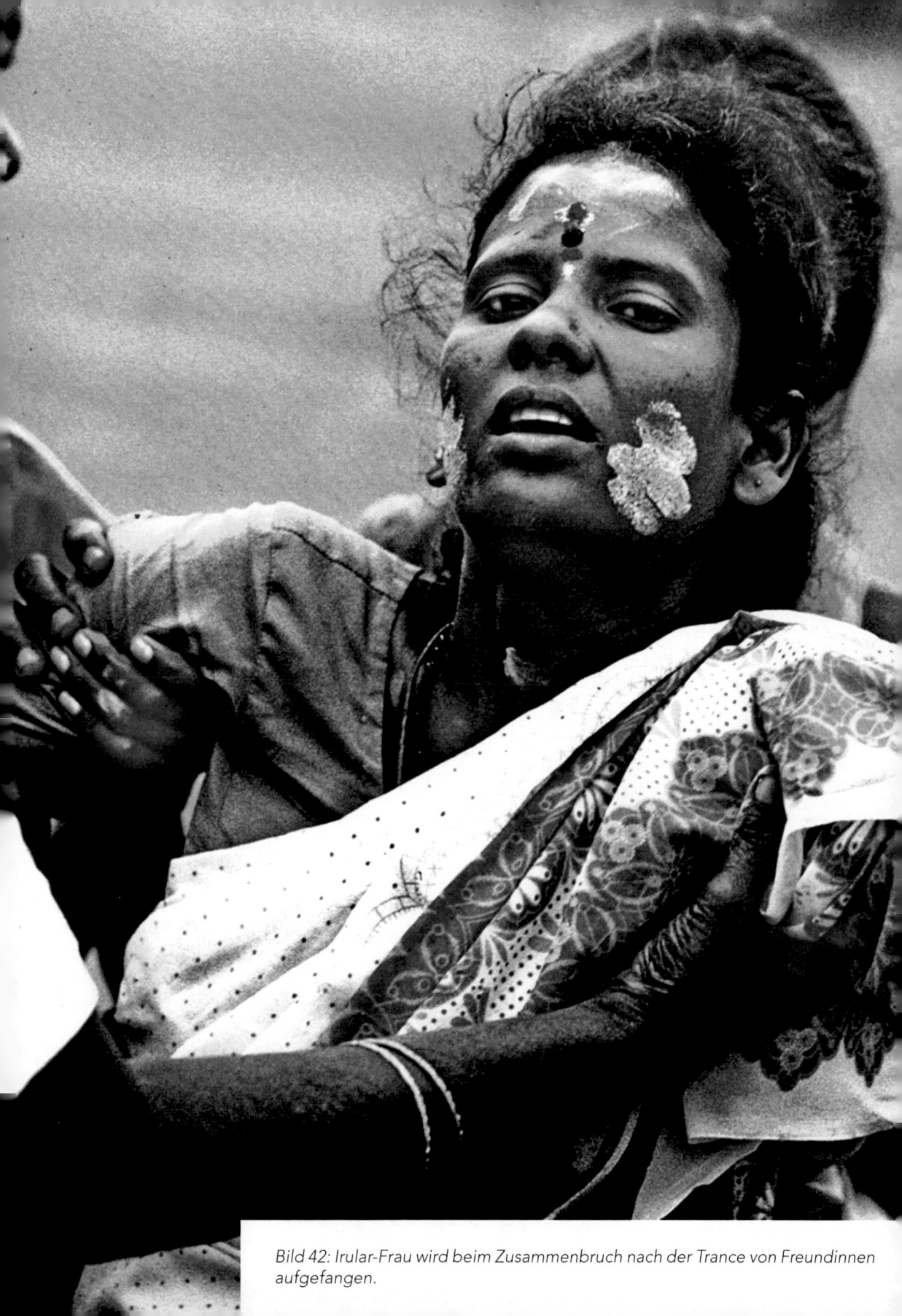

Bild 42: Irular-Frau wird beim Zusammenbruch nach der Trance von Freundinnen aufgefangen.

Trance in Südamerika: Candomblé

Auch in der Candomblé-Religion stellen Trance-Ereignisse bedeutungsvolle Elemente der Rituale dar. Candomblé ist eine im brasilianischen Bundesstaat Bahia entstandene synkretistische Religion. Sie besteht vor allem aus Elementen des afrikanischen Kultes der Yoruba, ist aber überformt mit Symbolen und Anschauungen des lateinamerikanischen Katholizismus. Die Religion hat sich vom 16. Jahrhundert an vor allem unter dem Einfluss afrikanischer Sklavinnen entwickelt. Offiziell anerkannt und damit außer Verfolgung gesetzt wurde Candomblé allerdings erst 1970. Die Religion hatte zuvor unter einer intensiven Unterdrückung durch Staat und katholischer Kirche gelitten. Heute verhält sich die katholische Kirche neutral gegenüber der Candomblé-Religion.
Dafür hetzen diese unsäglichen fundamentalistischen Evangelikalen aus den Reihen der US-Sekten umso gemeiner gegen die Religion, die sie als eine direkte Gründung des von ihnen so häufig und so gerne erwähnten Teufels ansehen.
Candomblé ist inzwischen über die ganze Welt verbreitet. Ihr Mittelpunkt ist aber nach wie vor seine Heimat Brasilien.
Meine Erfahrungen mit der Candomblé-Religion konnte ich allerdings in der Bundesrepublik sammeln. In Berlin besteht ein sehr aktives Zentrum des Candomblé.

Der Candomblé-Tempel in Berlin
In Berlin hat ein brasilianischer Babalorixá (spiritueller Leiter) namens Muralesimbe (zusammen mit Martin Titzck) ein brasilianisches Zentrum gegründet, das auch einen Candomblé-Tempel birgt. Er leitet auch das Candomblé-Haus *Ilé Obá Silekê*. Es liegt im Forum Brasil, 10965 Berlin-Kreuzberg, Möckernstraße 72. Einer Reihe seiner Veranstaltungen sind öffentlich zugänglich und werden auf der Website www.ile-oba-sileke.de angekündigt.
Inzwischen gibt es auch in Europa, besonders auch in Berlin Anhänger des Candomblé, sowie Interessierte. Die besuchen alle regelmäßig das Candomblé-Haus und arbeiten ehrenamtlich mit.
Der Initiator, der das Interesse für Candomblé hier in der Bundesrepublik verbreiten will, ist der bereits erwähnte Babalorixá Muralesimbe. Er trat auch dafür ein, die Candomblé-Einrichtungen in Berlin zu realisieren.

Tatsächlich verdient Candomblé – ganz gleichgültig ob man es als eigene Religion sieht oder als mit anderen Religionen zu vereinbarende spirituelle Bewegung wertet – unser Interesse. Es zeigt nämlich eine Richtung auf, in die die (dringend notwendige) Veränderung unserer wirtschaftlich-technisch ausgerichteten Zivilisation führen könnte.

Grundzüge des Candomblé
Olurun ist die große Schöpfergottheit. Sie steht hoch über allem, ist weder männlich noch weiblich oder aber zugleich beiden Geschlechtern angehörig und sie greift selbst nicht in das irdische Geschehen ein. Es ist also eine (in sich ruhende Gottheit – ein Deus otiosus!) Allerdings gehen von Olurun auch die Energien aus, die Geistwesen und Menschen, überhaupt alles Seiende begründen und beleben. An Oloruns Stelle und in seinem Auftrag wirken die Orixás auf die Welt ein. Das sind geistige Wesenheiten, die zugleich den verschiedenen Energien der Natur, wie Feuer, Wasser, Luft, Meereswelle usw. entsprechen. Xango ist zum Beispiel Herr über Donner und Blitz und über alles himmlische Feuer. Seine Frau Yansã ist die Orixá der Winde und Stürme. Beider Farben ist rot. (Näheres im Glossar.)
Die Orixás sind persönliche Geistwesen: Sie kommunizieren mit den Menschen, werden angesprochen und äußern sich auch. Den Menschen helfen sie, solange diese sie ehren und nicht verärgern. Wenn sie aber erbost sind, können sie sehr tückisch werden. (Sie haben die Züge von Trickstern – göttlichen Schelmen, vergleichbar mit Hermes und Pan im griechischen, mit Loki im germanischen Mythos. Entscheidend für diese Zuordnung ist, dass ihre Einstellung zu Gut und Böse nicht eindeutig erscheint.)
Andererseits erscheinen sie, eingeladen durch das Spiel ihrer jeweiligen Melodien, in den Candomblé-Ritualen. Sie ergreifen Menschen, die dadurch in Trance fallen. Vor allem widerfährt es den obersten spirituellen Leitern und Leiterinnen, den Babalorixás und Yalorixás. Das Trance geschieht ist natürlich durchaus erwünscht, denn Candomblé bedeutet, sich zwischen den Welten, der materiellen und der geistigen Welt der Orixás, zu bewegen. Im Candomblé wird keineswegs Gott und die Welt, Licht und Schatten, Gut und Böse als etwas voneinander Getrenntes, oder gar Entgegengesetztes angesehen, wie das im Christentum und Islam geschieht. Alles ist vielmehr eng miteinander verbunden. Die Orixás als die Vertreter der Gottheit sind zugleich die Kräfte der Natur und der

Mensch ist in seinem Innersten eins mit Tieren und Pflanzen, Sonne, Mond und Sternen, Bergen, Feldern und Meer.
Wenn er, der Mensch, aber nun im Geiste der Erfahrung der Verbundenheit mit allen Lebewesen, aller Dinge und sogar mit dem Göttlichen lebt, besteht keine Gefahr der Selbstzerstörung. Eine solche Kultur und Religion oder geistige Haltung ist lebenserhaltend, im Wortsinne „nachhaltig". Und gerade das ist unsere auf Abgrenzung und Ausgrenzung gerichtete Zivilisation nun gewiss nicht. Sie birgt den Keim des Todes in sich. Um den Untergang zu vermeiden, muss unser Bewusstsein verändert werden. Die Betonung der Gegensätzlichkeit muss durch die Einheit allen Seienden ersetzt werden. Dafür kann uns Candomblé als Wegweiser dienen. Denn diese religiöse Richtung betont besonders deutlich die enge Verbundenheit alles Seienden miteinander. Aber es ist eben dies Prinzip der Einheit mehr, gewiss mehr oder weniger deutlich ausgeprägt, ein konstituierendes Element in allen Religionen und kulturellen Richtungen mit Ausnahme der westlichen, sowie der islamischen.
(Erstaunlicherweise pflegen neuere zivilisationskritische Bewegungen wie etwa auch die Neuhexenbewegung religiöse und kulturelle Einstellungen, die mit denen im Candomblé herrschenden durchaus vergleichbar sind.)

Ritual für Orixá Yansã in Berlin
Am 6. 12. 2014 nahm ich teil an einem Ritual für die Orixá Yansã, Herrin der Winde und Stürme. Es fand statt im Heiligtum des Forums Brasil und wurde geleitet vom Babalorixá Muralesimbe. Es begann um 14.30 und endete gegen 21 Uhr. Von allen Teilnehmenden wurde erwartet, dass sie ganz in Weiß gekleidet erscheinen – und barfuß gehen oder weiße Strümpfe tragen.
In dem kleinen Raum drängten sich 70 Leute, darunter viele jüngere. Die meisten saßen auf dem Boden und bildeten einen halben Ring, der in der Mitte die Fläche für die Tänze freiließ.

Die Akteure:
4 Trommler mit hohen Schlagtrommeln, darunter ein Vorsänger
2 Babas, darunter der Babalorixá
2 Yalorixas

Die heiligen Kinder (filho de santo – die Eingeweihten) – Mitglieder, die mittanzten und mitsangen

Bild 43: Ritual für Orixá Yansã in Berlin: Die Trommlergruppe spielte lebhafte, auch aufpeitschende Rhythmen, die die Trance derer, die mittanzten und mitsangen, anregte.

Die Rituale ereigneten sich, während die Trommeln spielten und dazu gesungen wurde. Sobald die Trommeln schwiegen, war Pause und die Leute unterhielten sich ganz ungezwungen miteinander. Insgesamt gab es acht von Pausen unterbrochene Trommelphasen.

Es wurde sehr laut, überlaut, um eben Trance auszulösen, getrommelt und auch gesungen. Die Lieder enthalten zumeist einen einfachen in ein oder höchstens zwei Strophen untergliederten Text, der dann ständig wiederholt wird.

Die 8 Trommelphasen:
Phasen 1 und 2
Verhältnismäßig kurze Trommelphasen, unterbrochen durch eine kurze Pause. Während dieser Zeit wurden die Teilnehmer beräuchert. Es ging darum, gute Energie anzunehmen und schlechte abzuweisen.

Phasen 3 bis 4
Die dritte Phase setzte ein nach einer ausgedehnteren Pause.
Während dieser und aller folgenden Phasen wurden die Melodien, die den verschiedenen Orixás zugeordnet sind, angestimmt. Jeder Orixá hat seine eigenen Lieder und eigene Tänze. Die sehr kurzen Texte erinnern an die Eigenschaften und Taten der jeweiligen besungenen Orixás. Alle konnten mitsingen. Die engeren Mitglieder tanzten – oft in ergriffenen Zustand – mit den jeweils für diese Melodien festgelegten Bewegungen im Uhrzeigersinn hintereinander in einem Kreis herum.
Die Tanzenden stellten den Orixás ihren Körper (für Trance) zur Verfügung, sodass gewissermaßen die Geistwesen die Chance erhielten, in der materiellen Welt zu erscheinen. Es traten der Babalorixá und ein weiterer spiritueller Führer in farbigen Gewändern auf. Sie leiten in Abstimmung mit dem Vorsänger das Geschehen.

Phase 5
Von nun an begann der eine oder die andere aus einer leichteren Trance plötzlich in eine sehr schwere Trance zu fallen. Diese äußerte sich in lautem Schreien, besonders bei Männern auch in völlig unartikulierten, heftigen, ausladenden Bewegungen und bei Frauen in starkem Zittern und Zucken. Schließlich wurden die von einem oder einer Orixá Ergriffenen von Eingeweihten aufgefangen und in einen Nebenraum geleitet.

Phase 6
Der Babalorixá trug einen Korb mit gebackenen Getreidebällchen auf dem Kopf herein. Die heilige Speise wurde geehrt und dann vom Babalorixá verteilt. Die Empfangenden küssten die Erde, umarmten sich gegenseitig und wurden vom Babalorixá umarmt.

Phase 7
Nun trat Orixá Yansã auf, gekleidet in vorwiegend weißen Frauenkleidern. Das Gesicht war verdeckt. Es war der Babalorixá, der von der Orixá ergriffen worden ist und sie damit repräsentierte. Die Orixá bediente sich also seines im Trancezustand befindlichen Körpers. Sie tanzt und vertrieb dabei mit einem Pferdehaarschwanz üble Geistwesen.
Dann hielt sie eine „Audienz" ab. Die Verehrenden näherten sich, fielen nieder und küssten die Erde und empfingen ihren Segen. Die Orixá legte ihre Hand auf den Kopf, viele wurden auch von der Orixá herzlich umarmt. (Über Liebe wird nicht geredet, sie wird praktiziert – was ich sehr anrührend finde!) Unterstützt wurde sie von zwei Eingeweihten, einem Mann und einer Frau, die ebenfalls segneten.

Überrascht aber auch fasziniert hat mich, dass die Orixá einen hinter ihrem Rücken befestigten Zierdolch zog, damit zunächst mehrfach die Trommler bedrohte und dann die Klingen gegen ihren Hals richtete.
(Ich möchte vermuten, dass früher tatsächlich ein Messerangriff auf den eigenen Körper erfolgte, wie wir ihn heute noch in Bali und bei den Irular erleben. Der Brauch ist dann irgendwann in eine symbolische Darstellung verwandelt worden.)

Dann wurde eine junge Frau von der Orixá ins Candomblé initiiert. Zwei Männer trugen sie auf einem Stuhl, ein Ausdruck dafür, dass sie sich in der Candomblé-Gemeinde gut aufgehoben fühlen sollte. Es spielte sich alles in symbolischen Handlungen ab, ohne dass viele Worte gemacht wurden, ohne Ermahnungen.

Phase 8
Ausklang.
Abschließend wurden, gemeinsam mit den Orixás geweihte Speisen gegessen.

Interview mit Babalorixá Muralesimbe

Am Tag nach dem Ritual ließ sich Babalorixá Muralesimbe freundlicherweise von mir interviewen. Das Gespräch fand in einer sehr heiteren ungezwungenen Atmosphäre statt. Mehrfach unterbrach er seine Ausführungen durch sein mitreißendes herzhaftes Lachen.

Frage: Trance ist weltweit verbreitet. Mich interessiert nun vor allem folgendes: Wer fällt in Trance, alle, oder ausgewählte Personen?
Babalorixá: Es fallen immer nur einige Erwählte in Trance. Manche fallen sehr schnell in Trance. Sie hören nur eine Melodie und schon kribbelt es ihnen unter der Haut. Andere fallen gar nicht in Trance und bei einigen muss man sich einfach sehr viel Mühe geben, bis sie von der Trance ergriffen werden.
Frage: Fallen nur die in Trance, die sich darauf vorbereitet haben oder gibt es spontane Trance?
Babalorixá: Es gibt beides. In unseren Riten kommen so viele Arten von Trance vor. Manchmal muss man sich vorbereiten, zum Bespiel, wenn in Trance ein Orixá repräsentiert wird. Oft geschieht es aber auch, dass Mittanzende und Mitsingende in Trance fallen.
Frage: Werden in Trance Gefallene betreut? Während der Trance? Nach einem Zusammenbruch?
Babalorixá: Du hast das ja gesehen: Die in Trance Gefallenen werden immer von jemand begleitet. Man muss aufpassen. Es kann ja doch immer etwas passieren und dann muss vorsorglich jemand da sein. Und die, die in besonders schwere Trance gefallen sind und anschließend zusammenbrechen, müssen natürlich aufgefangen werden. Trance ist ein Gemeinschaftserlebnis. Im Candomblé überhaupt sind alle für alle da. Man kann Candomblé nur zusammen mit anderen erleben. Es müssen immer mindestens zwei sein.
Frage: Wie steht es mit der Erinnerung der in Trance Gefallenen über die Ereignisse während der Trance?
Babalorixá: Im Ritual erinnert man sich bis man in eine tiefe Trance fällt. Während der Zeit der tiefen Trance ist man wie im Schlaf. Wenn man wieder aufwacht, weiß man nicht, was in dieser Zeit gewesen ist.
Frage: Erinnert man sich nicht oder hat man seine Umwelt gar nicht wahrgenommen?
Babalorixá: Bei ganz tiefer Trance nimmt man gar nichts wahr.

Frage: Welche Bedeutung und Funktion hat Trance im Candomblé?
Babalorixá: Nun – Trance ist der Sinn unserer Rituale. Die in Trance fallenden werden von einem oder einer der Orixás ergriffen. Trance ist die Erscheinung der göttlichen Energie. Die ist es, die uns entflammt und die uns bewegt. Jeder, der in Trance fällt, genießt es, ein Medium des Göttlichen zu sein. Und vor allem: hinterher fühlt man sich so wohl!
Frage: Welche Bedeutung hat Trance für die Verbindung zwischen der materiellen und der geistigen Welt?
Babalorixá: Zwischen der materiellen Welt und der geistigen Welt besteht ein sehr großer Unterschied. In der Trance wird eine Verbindung zwischen beiden Welten hergestellt. Unser zu dieser Welt gehörender Körper wird mit einer jenseitigen Wesenheit vereinigt. Beide Welten treffen in der Trance zusammen.
Frage: Du unterrichtest doch auch Brasilian-Afro-Dance. Besteht eine Beziehung zwischen Tanz und Trance?
Babalorixá: Es kommt darauf an, dass richtig getanzt wird, nicht nur so ein bisschen herumgehüpft. Der Tanz muss enthusiastisch sein. Dann kann der Tanz in eine leichtere oder heftigere Trance übergehen. Und es passiert gar nicht so selten, dass der Tanz in eine schwere Trance umschlägt. Du hast das sicher auch gestern in unserem Ritual gesehen. Unser Leben darf nicht nur so dahinplätschern. Um glücklich zu sein, ist es wichtig, dass wir immer wieder einen ganz starken Enthusiasmus empfinden und ausleben.
Frage: Trance erfordert sehr viel Energie. Woher kommt die Energie? Wie fließt die Energie?
Babalorixá: Es gibt ein Wort das heißt *axé* (sprich: A̱sche). Das ist der unendliche Energiefluss. Man kann es auch göttliche Energie nennen. In der Trance wird diese Energie gebündelt.
Frage: Candomblé ist eine synkretistische Religion mit katholischen Elementen und Elementen afrikanischer Traditionen. Welche dieser Überlieferungen hat das Übergewicht?
Babalorixá: Die afrikanischen Wurzeln überwiegen. Die katholischen Namen, die dann den Orixás so überprägt wurden, dienten als Tarnung in einer Zeit, da die aus Afrika stammenden Traditionen verfolgt wurden. Dieses spielerische Schillern zwischen zwei Religionen gibt dem Ganzen auch eine gewisse Würze.

Frage: Würdest Du Candomblé als eher dualistisch, wie Christentum und Islam ansehen oder eher als monistisch in dem Sinne, dass die verschiedenen Urgegensätze zugleich immer untrennbar zusammengehören?
Babalorixá: In der Weltsicht des Candomblé gehören alle Gegensätze zusammen – Schwarz und Weiß, Männer und Frauen. Auch Gut und Böse. Es ist doch ganz einfach: Wenn du Gutes tust, kommt zu Dir Gutes zurück. Tust du Schlechtes, kommt zu Dir Schlechtes zurück. So ist das bei uns. Wir brauchen keine Teufel, der die Bösen bestraft. Der ist bei uns arbeitslos. Auch die verschiedenen Elemente gehören zusammen, ergänzen sich: So bildet sich Wasser durch Verbrennung. Es entsteht Feuer.
Frage: Heißt das nicht, dass sich die katholischen Elemente im Candomblé den afrikanischen angepasst haben?
Babalorixá: Das ist so. Die afrikanischen Elemente sind dominant. Das Katholische spielt im Candomblé im Grunde genommen keinerlei Rolle, überhaupt keine Rolle.
Frage: Repräsentieren die Orixás natürliche Elemente wie Wasser, Wind und Feuer oder sind sie mit ihnen identisch?
Babalorixá: Ursprünglich waren die Orixás Menschen. Aber diese Menschen sind mit den verschiedenen Naturelementen verschmolzen. Nun sind die Menschen verstorben, die Naturkräfte aber sind geblieben. Die Orixás sind die Repräsentanten aller Elemente wie Feuer, Wasser, Luft usw.
Frage: Es gibt viele Stimmen in Internet, die Candomblé mit dem Schamanismus in Zusammenhang bringen. Enthält Candomblé rituelle Elemente, die man als schamanisch auffassen kann? In erster Linie wären da an Trancereisen in die andere Welt zu denken? Der Schamane in Trance bringt etwa Verstorbene in die andere Welt und sucht für sie einen Platz, wo sie bleiben können.
Babalorixá: Mit Schamanismus hat Candomblé nichts zu tun.
Die Orixá Yansã geleitet die Verstorbenen in den Himmel zu unserer Gottheit Olurun. Ihr Platz muss nicht gesucht werden. Wir kennen ihn.
Frage: Candomblé ist vor allem in Brasilien zu Hause, hat aber nun auch eine Heimstadt in Berlin. Was ist in Berlin anders als in Brasilien?
Babalorixá: Nun der Unterschied ist: Brasilien ist meine erste Heimat und Berlin meine zweite. Candomblé war ursprünglich vor allem in Brasilien zu Hause. Nun ist er das auch in Berlin. Wir sind auch deshalb hier, weil sich die Menschen in Deutschland in der letzten Zeit immer mehr von allem Spirituellen gelöst haben. Wir denken, dass sie sich durch unsere etwas andere Art wieder Gedanken darüber machen, dass es nicht nur

eine materielle Welt gibt, in der es ums Geldverdienen geht, sondern dass da auch noch etwas anderes da ist, was sie fast schon vergessen haben.

Frage: Das Ritual gestern, das war das letzte, dass ihr in diesem Jahr gefeiert habt. Es war der Nikolaustag und zugleich Vollmond. Hat der Mond etwas mit diesem Ritual zu tun?

Babalorixá: Den Mond müssen wir immer berücksichtigen. Und wegen gestern: Wenn Vollmond ist, gibt es auch starke Winde. Yansã, die Orixá, der die gestrige Feier galt, ist aber nun mal die Repräsentantin der Winde und Stürme. Das hat schon gut gepasst gestern.

Frage: Mir ist gestern aufgefallen, dass im Verlauf des Rituales häufige Umarmungen vorkamen, aber auch, dass die Erde geküsst wurde!

Babalorixá: Ja – die Umarmungen zeigen, dass wir uns alle sehr lieben. Übrigens: Wir machen dabei keinen Unterschied zwischen altruistischer Liebe, Elternliebe und sexueller Liebe. Liebe ist Liebe und sie ist der tiefste Sinn unseres Candomblé. Und die Erde – sie ist unsere Mutter. Wir verdanken ihr alles. Daher lieben wir sie und das zeigen wir, indem wir sie küssen.

Frage: Und oft werden auch die Hände gehoben und die Handflächen nach außen gestreckt. Was hat das für eine Bedeutung?

Babalorixá: Das bedeutet: Wir sind aufmerksam und bereit, die elementare Energie der *axé* in uns aufzunehmen.

Interviewer: Lieber Babalorixá! Herzlichen Dank für dies interessante und aufschlussreiche Gespräch! Danke schön!

Bild 44: Ältere Irular-Frau fällt bei der Vorbereitung eines Festes in tiefe Trance.
Aus ihr spricht die Göttin und teilt mit, was sie vom Fest erwartet.

Universale Verbreitung von Trance

Verbreitung von heftiger Trance

Trance fiel Wissenschaftlern erstmalig auf bei ostsibirischen Stämmen – und zwar in Verbindung mit Schamanismus. Aufzeichnungen, die bis ins 16. Jh. zurückreichen wurden bei Tungusen, Tschuktschen und Burjaten gemacht.
Im antiken Griechenland scheinen die Mänaden (Rasenden), die Anhängerinnen des Dionysos, Gott des Unbewussten, in Trance gefallen zu sein. Jedenfalls weist das Verschlingen von rohem Fleisch erjagter Tiere darauf hin. Das passiert normalerweise nicht im Rausch, aber in der Trance. Ob Berauschtheit generell als eine Art von Trance zu verstehen ist oder aber nicht, darüber gehen die Meinungen auseinander. Im Grunde genommen wissen wir über die mänadische Raserei zu wenig, um die Erscheinung richtig einschätzen zu können.
Für die Allgemeinheit in Europa wurde Trance durch psychologische und vor allem psychoanalytische Tranceversuche ins Bewusstsein gerückt.
Der sogenannte Mesmerismus ist die früheste Form der therapeutischen Trance, die sich in der westlichen Zivilisation verbreitete und bei einem gebildeten Publikum doch einiges an Interesse weckte.
Der deutsche Mediziner Franz Anton Mesmer (1734 - 1815) war mit den vorherrschenden Methoden der damaligen Medizin nicht einverstanden. Auf Grund von früheren Studien setzte er die Macht der Trance

zur Heilung ein – mit sehr großem Erfolg. Er war es, der die Trance, die zuvor ausschließlich als magisches Verfahren angesehen wurde, in die therapeutische Praxis einführte. Da er Trance und die Entwicklung von Vorstellungswelten eher mit körperlicher Berührung und Hilfsmitteln, wie Spiegeln und Kerzen, induzierte, sind seine Verfahren noch nicht mit Hypnose gleichzusetzen. Diese setzte als erster der schottische Arzt J. Braid ein. Ihm ist die Bezeichnung Hypnose zu verdanken. Es ist erstaunlich, dass die Trance und mit ihr die Hypnose nach dem beachtlichen Interesse, das sie zunächst erweckt hatte, ins Abseits geriet, ja den Ruch des Suspekten auf sich zog.

Dafür verantwortlich ist Sigmund Freud, der zunächst durchaus an Hypnose interessiert war, aber sie nach Einführung der Psychoanalyse als völlig unzureichend für Diagnose und Behandlung abtat.

Doch in der zweiten Hälfte des letzten Jahrhunderts setzten sich moderne Therapeuten wieder mit Erfolg für die Hypnose ein. In den 70er-Jahren war das Milton H. Erickson. Er schuf auch die Grundlagen für das Neuro-Linguistische Programmieren (NLP).

Inzwischen hat sich herumgesprochen, dass Trance in der ganzen Welt verbreitet ist und überall eine große Bedeutung besitzt. In 9 von 10 untersuchten Gesellschaften wird Trance offizielle in speziellen Riten zelebriert. Der Schamanismus beschränkt sich nach der Interpretation einiger Wissenschaftler auf Ostsibirien. Die meisten anderen vertreten die Ansicht, dass er auch Süd-, Südost- und Ostasien, in den beiden Amerika und in Afrika verbreitet ist. Da Schamanismus kulturell sehr vielseitig ausgeprägt ist und seine Definitionen noch umstritten sind, hängt das davon ab, was man noch zu Schamanismus rechnet und was nicht.

Erkennt man jedoch an, dass da wo
+ ein im Rahmen der eigenen Gesellschaft vorwiegend mit dem Mittel der Trance wirkender „Sozialexperte" tätig ist;
+ Seelenreisen in die andere Welt stattfinden;
+ geheilt und beraten wird;
+ eine schwierige und peinvolle Berufung zum Schamanen erfolgt;

dann wird man doch feststellen, dass Schamanismus, wenn auch in unterschiedlichster Ausprägung in den drei genannten Kontinenten weit verbreitet ist.

Trance im Juden- und Christentum

In der hebräischen Bibel wird Trance bei Baal-Anhängern, die vom Propheten Elija bekämpft und später ermordet wurden, erwähnt:

> **„Sie (die Propheten des Baal) schrien nun aus vollem Hals. Wie es ihr Brauch ist, ritzten sie sich mit Schwertern und Lanzen bis das Blut herunter geronnen ist. Gegen Mittag verfielen sie in rasende Ekstase..."**

1. Könige 18,28-29

Darauf, dass es sich dabei um echte Verletzungen, wie sie in indischen Tempelfesten geschehen, handelt, deutet der Hinweis aufs rinnende Blut hin. Es ist aber auch nicht auszuschließen, dass hier eine kritische Überinterpretation des Brauchtums der religiösen Gegner vorliegt und die Baal-Anhänger tatsächlich nur die Waffen gegen sich richteten, ohne sich Wunden und Schmerzen zuzufügen, sowie es in Bali und bei den Irular Adivasi geschieht.

Für Trance bei den Israelis selbst sind der hebräischen Bibel wenig belastbare Zeugnisse zu entnehmen. Natürlich lassen die Berichte darüber, dass David vor der Bundeslade tanzte (S.: 26) doch stark vermuten, dass er sich dabei in Trance befand.

Anders ist es bei neueren jüdischen Bewegungen. Die Chassidim (S. 26) kennen Trance, vor allem den Trancetanz.

Das sogenannte Neue Testament dagegen berichtet mehrfach von Trance. In der Apostelgeschichte 2,1 - 13 wird die Ausgießung des Heiligen Geistes geschildert:

> „und sie wurden alle erfüllt von der heiligen Geisteskraft und sie begannen in fremden Sprachen zu reden, ganz so, wie es ihnen die heilige Geisteskraft eingab."<

Apg.2,4

Ein Geist, in diesem Falle, die Heilige Geisteskraft, hat sie also ergriffen und in Trance versetzt. Es handelte sich um eine Massentrance, die – so ist zu vermuten – erst bei einem einzigen ausbrach, der damit dann alle anderen „infizierte".
Auch die Verzückung des Stephanus Apg. 7,54 lässt sich als eine von der tödlichen Gefahrensituation entfachte Trance auffassen. In diesem Falle bin ich mir aber nicht ganz im Klaren, ob der Bericht wirklich authentisch ist oder eher eine PR-Aktion für das Märtyrertum darstellt.
Dass Saulus bei seiner Bekehrung zum Paulus Apg. 8,1 - 9 in tiefe Trance fiel, wird insbesondere dann deutlich, wenn man des Paulus eigene Aussage heranzieht:

> „Ich kenne jemand, einen Diener Christi, der vor vierzehn Jahren bis in den dritten Himmel entrückt wurde; ich weiß allerdings nicht, ob es mit dem Leib oder ohne den Leib geschah, nur Gott weiß es. Und ich weiß, dass dieser Mensch in das Paradies entrückt wurde; ob es mit dem Leib oder ohne den Leib geschah, weiß ich nicht, nur Gott weiß es. Er hörte unsagbare Worte, die ein Mensch nicht aussprechen kann."<

2. Korinther 12,2 - 4.

Das bezieht sich mit hoher Wahrscheinlichkeit auf des Paulus Damaskus-Erlebnis. Seine zweite Deutung, dass die Vision „ohne Leib" geschehen sein könnte, beschreibt eine fremdinduzierte tiefe Trance, verbunden mit Imaginationen.

In den Kirchen kam vom frühen Mittelalter bis zur frühen Neuzeit in Ausnahmefällen Trance vor. Man denke an die 34 Tage währenden Buß-Prozessionen der Flagellanten (Geisler im 13., 14. und auch 16., 17. Jh.). Vergleichbar sind die heute noch üblichen Geisellungen schiitischer Gläubiger während des Ashurafestes. Dabei werden allerdings erhebliche körperliche Verletzungen in Kauf genommen. Weit positiver zu werten ist die in mystischen Kreisen (z. B. Teresa von Avila. S. 45) übliche Trance.

In der moslemischen Mystik sind die Trancetänze der Derwische von Konya bekannt.

Heutzutage ist die Stellung der offiziellen Kirchen zur Trance durchaus zwiespältig. Ein Anbieter für kirchliche Internet-Seiten, der offensichtlich protestantisch dominiert ist, lehnt Trance radikal ab: www.bible-online.org/german/handbuch/trance.html. Die katholische Kirche hat wohl Schwierigkeiten vor allem damit, dass sie Besessenheit als vom Satan bewirkt ansieht. Sie versucht es mit Teufelsaustreibungen (Exorzismen). Andererseits ist in den „schwarzen Filialen" der offiziellen Kirchen Afrikas und Nordamerikas Trance mit Gesang und Tanz eine Selbstverständlichkeit. Im Übrigen experimentieren einzelne Gemeinden mit Ekstase und Trance. Eine ganz entscheidende Rolle spielen aber Trancezustände in den evangelikalen Sekten. Diese breiten sich zu Lasten der katholischen und evangelischen Kirche rasch aus – weniger in Europa dafür aber umso heftiger in Lateinamerika, Afrika und Asien. Besonders betroffen ist Südamerika. Dort schrumpft die katholische Kirche ganz erheblich.

Ich sehe den Grund dafür weniger darin, dass die evangelikale Lehre etwa überzeugender wäre. Nein – sie nutzen lediglich das Defizit der offiziellen Kirchen aus. Die haben doch das religiöse Erleben, wie es noch in den Urgemeinden lebendig war, vollkommen verdorren lassen. Für Begeisterung und Ekstase ist in Messen und Predigtgottesdiensten kein Platz. Dass gibt es aber in den evangelikalen Bewegungen und deshalb fühlen sich die Menschen von ihnen angezogen, trotz der dümmlichen Lehren und der weltfernen Moral, die sie verbreiten.

Die Kirchen wären gut beraten, sich ernsthaft mit der Frage auseinanderzusetzen, wie sie denn das religiöse Erleben in ihren blutarmen Gottesdiensten zu einer neuen Blüte bringen könnten. Und religiöses Erleben äußert sich eben in Begeisterung, Ekstase und Trance.

Die Leute wandern sonst ab, nicht nur zu den abscheulichen Evangelikalen, sondern auch in die viel interessanteren neuheidnischen Bewegungen.

Trance im „Neoschamanismus" – schamanische Revival Bewegung

In den 60er-Jahren des letzten Jahrhunderts, als Trance und Schamanismus noch verpönt waren, setzte die Wende ein. Nicht zuletzt angeregt durch das Buch von Eliade, kam im Rahmen naturkritischer und neureligiöser Bestrebungen ein starkes Interesse daran auf, unter Rückgriff auf Formen des traditionellen Schamanismus, einen für die westliche Gesellschaft gültigen und akzeptablen Schamanismus zu entwickeln.

Das geschah wohl nicht ganz zufällig in dem Jahrzehnt, in der erstmalig auf breiter Front der bis dahin blinde Fortschritts- und Wachstumsglaube tiefe Risse bekam und die damals durchaus überraschende Erkenntnis aufkam, dass die westliche Zivilisation nur dann überleben kann, wenn sie ganz entscheidend Veränderungen unterworfen wird. Im gleichen Jahrzehnt, 1968, hat sich der Club of Rom konstituiert. Interessanterweise entstand in diesem Jahrzehnt auch der erste wissenschaftliche Lehrstuhl für Esoterik und die Neureligionen kamen auf. Der Neopaganismus wurde wiederbelebt.

Obwohl sich der Neoschamanismus auf die traditionellen schamanischen Kulturen beruft und diese traditionellen Formen auch ernsthaft studiert wurden, bestehen beträchtlich Unterschiede:

	Traditioneller Schamanismus	*Neoschamanismus*
Ziel der schamanischen Betätigung	sozial: Wohl der Gemeinschaft	egozentriert: Selbstverwirklichung
Ausbildung	mehrere Jahre, mit Gefahren verbunden	kurze Kurse, unproblematisch
Namen der Hilfsgeister	der Gemeinschaft bekannt	nur dem Individuum bekannt

Bild 45: Calon Arang Vorstellung nachts in einem Tempel in Padang Tegal, Bali. Calon Arang befindet sich im Zustand der Trance. Mit ihrem weißen Tuch versetzt sie die Männer, die sie angreifen, in Trance. Die richten dann ihre Dolche gegen die eigene Brust.

Bild 46: Gemälde aus Bali: Calon Arang und ihr dämonische Gefolge in Trance-Ekstase.

Natürlich kann man ein über Jahrtausende gewachsenes und in die gesamte umgebende Bevölkerung integriertes System nicht kurzeitig aus dem Boden stampfen und etablieren. Daher benötigt die Entwicklung eines charakteristisch europäischen Schamanismus zumindest ein Jahrzehnte währendes Zurechtschleifen durch die Praxis. (Die Beschäftigung nur mit Trance, ohne dass man sich mit dem doch komplizierten Schamanismus einlassen muss, ist sicherlich schneller erfolgreich.) Dennoch sind die Bemühungen darum zu begrüßen. Sie erschließen uns die Möglichkeit, über eine andere Welt nicht mehr nur zu diskutieren, sondern sie im Geiste zu durchreisen. Vor allem aber ist ein europäischer Schamanismus deshalb wichtig: Das westliche Wirtschaftssystem und zugleich, weil eng mit ihm verflochten, das politische und das soziale System, steckt in einer Sackgasse ohne Wendemöglichkeit. Aus der Unzufriedenheit mit dem System und der Überheblichkeit seiner Vertreter heraus, wird die Suche nach alternativen Möglichkeiten dringlich.

Das Vertrauen in die Zivilisation, in ihre leider zum Teil immer noch beschworene Überlegenheit über alles andere in der Welt ist zerbrochen und damit auch das Vertrauen in deren Stützen, etwa die Wissenschaft und die etablierten Kirchen. Alles, wovon man bis dahin überzeugt war, ist fraglich geworden.

Aber aufgepasst! Man muss sich das, was es an schamanistischen Angeboten gibt schon genau ansehen. Sogenannte neue Schamanen versprechen Trance zu lehren. Das sind großenteils wirklich gute Leute. Aber natürlich gibt es, wie überall, auch unter ihnen Typen, deren Herz ihr Geldbeutel ist. Aufzupassen gilt es besonders dann, wenn es um den Erwerb und Genuss von Rauschgift geht. Mitunter sind das pflanzliche Mittel, die nicht verboten sind, die aber halluzinogen wirken und bei unsachgemäßem Gebrauch Körper und Geist schädigen können.

Eines der Naturrauschgifte ist Ayahyasca. Wie der Inhaltsstoff DMT unterliegt es dem Betäubungsmittelgesetz.

Ein Ayahyasca-Trunk wird auch von Schamanen einiger indigenen Völker Südamerikas verwendet. In den westlichen Ländern wird das Getränk einerseits als bewusstseinssteigerndes Mittel gepriesen. Andererseits werden absolut negative Erfahrungen, wie etwa Horrortrips geschildert. Die Uniklinik Heidelberg hat von 2002 bis 2012 eine Studie zum Konsum von psychoaktiven Substanzen durchgeführt, darunter auch Ayahuasca.

<u>Das Fazit des Referenten:</u> Ayahuasca könnte einen heilsamen Effekt haben, muss es aber nicht. Er kenne kaum einen Konsumenten, der ausschließlich positive Erfahrungen mit der Droge gemacht habe.

„Drogen Wikia" schreibt über DMT:
„Ayahuasca wird von Schamanen in Südamerika verwendet und wurde im 20. Jh. durch einige moderne religiöse Kulte, sogenannte „Ayahuasca-Kirchen, adaptiert, wie etwa Santo Daime und Uniao do Vegetal. Hierdurch werden auch viele westliche Touristen angezogen, weshalb auch viele Scharlatane sich als Schamanen ausgeben um finanziell von diesem Drogentourismus zu profitieren."

„DMT kann bei einem guten Trip eine nachhaltige positive Veränderung beim Konsumenten bewirken, dieser wird etwa toleranter werden, erkennt seine eigenen Probleme, versucht das Leben mehr zu genießen usw. Es wird deshalb manchmal als eine Art heilerische Therapie eingesetzt, oft im Bezug zur Verwendung von DMT im südamerikanischen Schamanismus. Allerdings kann ein DMT-Rausch genauso in einem traumatisierenden Horrortrip enden, wodurch ein Betroffener nachhaltig verängstigt wird."

Ich selbst bin überzeugt, dass eine Bewusstseinserweiterung mit Hilfe von Konzentration, Meditation, aber auch über die Versenkung in Rhythmen und Melodien erreicht werden sollte, aber eben nicht durch Drogen. Drogenrausch ist keine Trance und führt nicht zu neuen Erkenntnissen. Und er ist auch ein totaler Ausdruck der westlichen Einstellung, Probleme mit Konsum zu lösen: Man zückt den Geldbeutel und kauft etwas. Man ist krank – Pillen einwerfen und man wird gesund. Man will sein Bewusstsein verändern – Drogen kaufen und einwerfen. Toll! Doch Bewusstseinsveränderung und Erkenntnis bekommt man nun mal nicht im Supermarkt! Wer sich solchen Dingen, wie den Schamanismus öffnet, darf nicht erwarten, dadurch eine gefestigte Persönlichkeit zu werden. Er muss eine gefestigte Persönlichkeit sein, um sich damit effektiv beschäftigen zu können.
Und wie merke ich, dass ich das bin? Dadurch, dass man eben gerade nicht auf dem Egotrip ist, sich nur um sich selbst kümmert, sondern dass man sich für andere engagiert, dass man sozial und politisch aktiv wird. Ohne dass wir zu „Weltverbesserer" werden, kommen wir nicht weiter. Schamanismus und Trance – das ist aus unseren Beispielen aus Indien, Bali und Brasilien zu ersehen – finden immer im Dienst der Sozialgemeinschaft statt.

Transkulturalität

Wenn wir Trance, aber auch Schamanismus in unsere eigene Kultur, der diese Erscheinungen ursprünglich fremd waren, zu integrieren trachten, dann fördern wir die „Transkulturalität". Dieser Begriff wurde von Professor Dr. Wolfgang Welsch geprägt. Das heißt, wir treten dafür ein, dass Kulturen, die sich begegnen, sich gegenseitig dafür öffnen, Bewährtes und zu ihnen Passendes der jeweils anderen Kultur zu übernehmen und für sich zu nutzen. Das ist mehr als Multikulti, bei dem davon ausgegangen wird, dass die Kulturen nebeneinander aber auch unabhängig voneinander existieren.
Natürlich können wir nicht und dürfen auch nicht Transkulturalität munter und unüberlegt angehen. Auch dafür müssen Regeln vorgesehen werden:

1. Niemand darf gezwungen werden, fremdkulturelle Einflüsse zu übernehmen. Es muss Freiwilligkeit herrschen. (Mission, die zwingt oder auch nur drängelt, ist daher kategorisch abzulehnen! Das gilt auch für vom Geber einseitig bestimmte Entwicklungsmaßnahmen.)

2. Bei Kulturbegegnungen müssen beide Seiten gleichermaßen dafür aufgeschlossen sein, passende positive Einflüsse jeweils gegenseitig voneinander anzunehmen. (Kulturdominanz im Sinne von „Du musst Dich in meinem Sinne ändern, ich jedoch bin vollkommen" sind absolut nicht tragbar!!)

3. Entwicklungsmaßnahmen müssen so gestaltet werden, dass sie keine einseitige Kulturbeeinflussung zur Voraussetzung haben. Es gilt, fremdkulturelle Erscheinungen, die Auswirkungen auf Entwicklungsmaßnahmen haben können, herauszufinden, sie im Rahmen der Maßnahmen zu berücksichtigen und sie zu respektieren. (Das bedeutet dann, dass sich unweigerlich fremdkulturelle Einflüsse auf die Kultur der Geber auswirken. Dies muss zugelassen werden.)

Diese Regeln zur Transkulturalität müssten eigentlich in die Deklaration der Menschenrechte und ins Grundgesetz aufgenommen werden. Wenn wir Trance ausüben, werden wir glücklicher und ausgeglichener. Schamanismus aber kann neue Wege zum Verständnis der anderen Welt eröffnen.

Bild 47: Bali Tempelfest in Tenganan: Er drückt in Trance heftig den Kris, den Malaiendolch, mit der Spitze gegen die eigene Brust. Doch diese dringt nicht ein. Es entsehen beim „ngureg" keine Wunden und der Zustechende fühlt keine Schmerzen.

Zusammenfassung und Folgerungen:
Die Wirkung von Trance

Was mir persönlich Trance bedeutet

Ich bin erstmalig in Bali in enge Berührung damit gekommen. Persönlich wurde das Thema dann, als ein sehr guter balischer Freund von mir in persönliche Turbulenzen geriet. Er war mit einer Europäerin verheiratet, die ihn nach sechs Jahren, sehr glücklichen Jahren, verließ. In seiner Not wandte er sich auf einem nahe gelegenen Inselchen, während eines Tempelfest, an Ratu Gede Tengahing Segara (S. 56ff). Ich hatte ihn dabei begleitet und erlebte dort eine wahre Welle von Trance-Ereignissen.
Trance interessiert mich auch im wissenschaftlichen Sinne. Aber natürlich ist auch ein starker, sehr persönlicher Impuls dabei. Ich bin mir darüber im Klaren, dass es für mich, aber sicherlich nicht nur für mich, überhaupt nicht ausreicht, nur ruhig, sachlich und rational vor sich hin zu leben. Es ist immer wichtig, dass die „normalen ruhigen Zeiten" unterbrochen werden von ekstatischem Gefühlsüberschwang. Das Wachbewusstsein muss ab und zu den Herrschaftsstab, mit dem es uns regiert, abgeben an aufbrandete Gefühlswogen, wie etwa Ausbrüche tiefer Trance.
Seit der Aufklärung, die natürlich durchaus auch Wichtiges bewirkt hat, ist der westliche Mensch von heute, besonders auch der Wissenschaftler, der kaum jemals hinterfragten, also quasi selbstverständlichen Überzeugung,

es gelte ständig ruhig und möglichst wenig emotionell, dafür aber sehr bewusst zu leben. Ich halte das für einen gewaltigen Irrtum. Wir bedürfen wieder und wieder der bis zur Besinnungslosigkeit leidenschaftlichen Ergriffenheit. Es genügt eben nicht, dass wir wissen, dass wir leben, wir müssen auch spüren, dass wir leben. Das Vehikel für das Glücklichsein ist die Empfindung, und eben nicht der Verstand (den man unbezweifelbar doch auch benötigt).

Ich denke, dass das rationale Denken, von dem ich wirklich einiges halte (zu seiner Zeit), nur dann kreativ und produktiv sein kann, wenn er von der Energie der Selbstentäußerung der Ekstatik angetrieben wird.

Hinzu kommt noch etwas ganz Anderes. Trance wird von der westlichen

Bild 48: Ngurek: Der Kris wird in der Trance gegen die eigene Brust gerichtet. Dennoch entstehen keine Verletzungen, da er nicht in das verspannte Muskelfleisch eindringen kann.

Psychologie als durch eine auf verschiedene Weise induzierte Selbsteinschränkung des Bewusstseins, als Beschränkung der Konzentration auf einen winzigen Teilbereich der allumfassenden Wahrnehmungsmöglichkeiten, aufgefasst (S. 12). Demgegenüber wird Trance von den anderen Kulturen universell als Ergriffenheit durch Gottheiten oder Geistwesen verstanden. An ihren Beispiel lässt sich aufzeigen, das eines nicht angeht: Wir können und dürfen nicht Vorgänge, Einstellungen und Erfahrungen anderer Kulturen nur von unserem eigenen westlichen Selbstverständnis her beurteilen, was eben darauf hinausläuft, das wir das alles bestenfalls als Märchen betrachten.

In der Ethnologie und Psychologie ist das teilweise immer noch üblich. Es zeichnet sich allerdings ein deutlicher Wandel ab. Wir müssen unbedingt die Deutung anerkennen, die andere Kulturen für ihre eigene Wirklichkeit gefunden haben. Es muss uns klar sein oder werden, dass sie dafür doch wesentlich kompetenter sind, als wir. Ich habe in Asien vor allem gelernt, auch gegensätzliche Deutungen unverbunden nebeneinander stehen zu lassen. So erkenne ich die psychologische Deutung der Trance als Selbsteinschränkung des Bewusstseins genauso an, wie die Anschauung, dass ein Geistwesen oder etwas Göttliches die Menschen ergreift. Letzteres hat den Vorteil der Anschaulichkeit und steht vielleicht meiner Ratio etwas ferner, dafür aber meinem Empfinden wesentlich näher.

Gemeinsamkeiten

Wir wissen also, dass Trance in vielen Kulturen nicht nur vorkommt, sondern auch gewünscht und gefördert wird. Ich habe natürlich nur Erfahrungen mit Trance in drei verschiedenen Kulturen sammeln können, die sozusagen stellvertretend für alle, als Grundlage für Schlussfolgerungen dienen müssen, die ich ziehe.
Nun haben diese drei Kulturen, in denen Trance kultiviert wird, folgendes gemeinsam:
+ Im Gegensatz zur den westlichen Zivilisationen, in denen der Mensch sich von allem anderen abgrenzt, sich isoliert und auch die Dinge voneinander abgegrenzt sieht, fühlen sich die Menschen eins mit der Natur, mit Sonne, Mond und Sternen, mit Tieren und Pflanzen, mit Seinesgleichen und mit dem Göttlichen.

In Bali hat das Prinzip „rua bineda" (Prinzip der zwei vereinten Gegensätze) einen hohen Stellenwert. Gemeint ist, dass links und rechts, Mann und Frau, oben und unten, heilbringend und unheilbringend zwar durchaus Gegensätze sind, sie aber dennoch unbedingt zusammengehören (S. 143). Die Irular muss man nur beobachten, wenn sie ausziehen, um Pflanzen zu sammeln. Sie kennen jeden Strauch, jeder Frucht, jedes Blatt und gehen mit ihm sorgsam um. Sie besingen schöne Blüten, vergraben auch die nicht verwerteten Pflanzenabfälle, damit daraus neue Pflanzen entstehen. Es ist nicht zu übersehen, dass sie sich als völlig eins mit den Pflanzen, aber auch mit der sonstigen Natur fühlen.

Bild 49: Irular in Trance während des Adimasam-Festes. Er schlägt sich mit der Schneide eines Kurzschwertes, verletzt sich aber dabei nicht und fühlt auch keine Schmerzen.

Was Candomblé anbelangt, hat ja Babalorixá Muralesimbe direkt ausgesagt, dass für sie alle Dinge miteinander verbunden sind.
Deshalb macht es den Menschen mit dieser Einstellung auch gar nichts aus, sich selbst einer Gottheit zu überlassen. Sie sind sogar stolz darauf, dass sie von einer spirituellen Macht überwältigt und ergriffen werden. Der westliche Mensch dagegen scheut es auf Grund seines Gefühls, sich unbedingt abgrenzen zu müssen, von geistigem Wesen vereinnahmt zu werden.
(Aus dieser Tendenz zur Abgrenzung heraus entsteht das Konkurrenzdenken und daraus ergibt sich wieder die Wachstumsideologie, mit der Folge einer drohenden Zerstörung unserer Lebenswelt. Vielleicht finden wir ja doch gerade noch rechtzeitig in traditionellen Kulturen Anregungen, wie wir unsere Einstellung, ja unser Bewusstsein, ändern können und müssen, damit wir dem drohenden Untergang entgehen.)

+ Trance wird in allen Fällen als Ergriffenheit durch eine spirituelle Kraft aufgefasst.
+ In Trance zu fallen wird als positives Ereignis erlebt.
+ In allen drei Kulturen hat die Trance eine heilende und vorbeugende Funktion. (Näheres im nächsten Abschnitt.)
+ Besonders interessant finde ich das Messerzücken gegen sich selbst. Ursprünglich war ich der Meinung, dass das eine singuläre Erscheinung sei, die nur in Bali vorkommt. (In der Literatur habe ich jedenfalls keinerlei Hinweise darüber gefunden, dass es auch anderswo vorkommt.) Dort wird in gewissen Ritualen ein Kris (Malaiendolch) heftig gegen den eigenen Oberkörper gedrückt, ohne dass er in das im Zustand der Trance verspannte Muskelfleisch eindringen kann.

Als ich dann in Südindien bei den Irular mit einer ganz ähnlichen Form des Brauchtums konfrontiert wurde, schloss ich aus dem Umstand, dass dies Messerdrohen in zwei Kulturen vorkommt, die überhaupt keine Verbindung untereinander haben, also sich völlig unabhängig entwickelt haben mussten, dass doch ein Anzeichen dafür sein muss, dass wir es mit einer archetypischen Erscheinung (im Jung'schen Sinne) zu tun haben. Nun habe ich selbst erlebt, dass in einem Ritual des Candomblé ein Messerzücken gegen sich selbst in symbolischer Form stattfindet. Man kann vermuten, dass das aus einem Brauch heraus entstanden ist, in dem das Messer ebenfalls richtig intensiv gegen verspannte Muskeln gedrückt wurde.

Auch das Messerdrohen gegen die Gottheit bzw. gegen die Trommlergruppe stellt eine Gemeinsamkeit dar.
Dieses Messerdrohen gegen sich selbst, verbildlicht eine besonders wichtige Funktion der Trance, nämlich, dass sie reinigende Wirkung hat. Man sticht und schlägt sozusagen alle negativen Empfindungen, wie Trauer, Angst, Schmerz wegen eines Verlustes, natürlich auch Schuld, aus sich heraus und fühlt sich dann befreit.

Bild 50: Frau während eines Tempelfestes für Ratu Gede in Bali im Zustand heftiger Trance.

Heilende und vorbeugende Wirkung der Trance

Ich denke, es ist schon deutlich geworden, dass Trance bedeutungsvolle und wichtige Wirkungen hat. Alle Aussagen von in Trance Gefallenen, soweit ich sie erfassen konnte, weisen eindeutig darauf hin, dass man sich an all die Vorgänge während der tiefen somnambulen und in einem Zusammenbruch auslaufenden Trance nicht erinnert, dass man zwar sehr erschöpft ist, sich aber befreit und glücklich fühlt.

Trance kann bewirken:
+ Heilung: Vor allem von Leiden, bei der die Psyche mit betroffen ist.
+ Einen ekstatischen Ausgleich für alltägliches Gleichmaß: Das ermöglicht, zufriedener und ausgeglichener zu leben und sich eine innere Heiterkeit zu bewahren.
+ Vorbeugung: Dadurch, dass sie Ausgeglichenheit fördert, werden besondere stressbedingte Erkrankungen von vorneherein vermieden.
+ Verhinderung und Heilung von Depressionen: Manische Depressionen zeichnen sich aus durch einen Wechsel von Niedergeschlagenheit und Euphorie. Der Wechsel zwischen Ekstase und ruhiger Ausgeglichenheit vermag gewissermaßen den Stimmungswechsel der Depression zu ersetzen, beziehungsweise ihm vorzubeugen.
+ Reinigung: Durch Ärger, Trauer, Wut, Misserfolge fühlen sich Menschen verletzt, auch kultisch verunreinigt. Trance dient zur Überwindung von negativen Empfindungen.
+ Bestätigung: Eine Begegnung oder ein Gedankenaustausch mit der göttlichen Welt wird dadurch in seiner Echtheit bestätigt, dass der Betroffene anschließend in Trance fällt.
+ Glückserlebnis: Wer tiefe Trance überstanden hat, wird von einem wohligem Glücksgefühl übermannt.

Die selbstinduzierte Trance sozialer Mittler (z. B. von weiblichen oder männlichen Heilern und Schamanen) bewirkt, dass sie als Sprachrohr einer Gottheit erscheinen. Sie lösen mit göttlicher Autorität individuelle, vor allem aber auch soziale Probleme in ihrer jeweiligen Gesellschaft. Sie stiften Frieden, erhalten das Ordnungsgefüge und beraten. Sie leiten Heilungen ein, suchen Verlorenes, finden den Standort von Wildtieren. Was hier letztlich vor sich geht, mag sich nicht so ganz westlichem Denken erschließen. Doch dass Heiler und Schamanen eine positive Rolle für das Sozialwesen spielen, ist völlig unbestreitbar. Wer heilt, hat Recht. Und darauf kommt es schließlich an.

Nehmen wir aber doch einmal an, dass die menschlichen Tiefenschichten mehr oder weniger göttlich inspiriert sind! Dann steigt das Inspirierende in Trance an die Oberfläche – und das heißt dann: der Mensch wird vom Göttlichen ergriffen.

Vielleicht wäre genau dies das, worauf sich östliches und westliches Denken einigen könnte!

Trance als Bestandteil von Heilsystemen

Trance hat letztlich doch eine Zukunft in den Ländern der westlichen Zivilisation.

Vorreiter sind die Therapeuten, die durch Trance, in Verbindung mit Hypnose, Heilerfolge erzielen.

Manchmal wir behauptet, sie seien die Schamanen unserer Welt. Das ist so nicht richtig. Schamanen versetzen sich selbst in Trance, um ansonsten unzugängliche Erkenntnisquellen anzuzapfen. Therapeuten dagegen erhalten sich ihr Wachbewusstsein, versetzen aber den Patienten in Trance, um ihn in diesem Zustand im Sinne ihres erlernten Wissens zu beeinflussen. Das ist etwas völlig Anderes. Kritisch ist zu sagen, dass bei der Hypnose der Therapeut der Herr über die Trance ist. Ein Fortschritt ist dagegen, dass in jüngster Zeit Vorschläge dafür gemacht werden, dass der Patient therapeutische Trancesitzungen ergänzen soll, und zwar dadurch, dass er sich immer wieder selbst in Trance versetzt. Man nennt das Selbsthypnose. Sie soll den Heilerfolg ganz erheblich verstärken.

Als eine Sonderform davon, die allerdings in der Regel nur mittelschwere Trance bewirkt, ist das autogene Training anzusehen. Grundlage dafür sind hypnotische Verfahren. Ich übe es auch aus und habe keine Schwierigkeiten damit, mich selbst zu überzeugen, dass meine Hände, Arme und Füße erst schwer werden und dann in einer zweiten Konzentrationsstufe warm. Dabei entsteht zunächst in den Fingern, dann in den gesamten Gliedern ein mehr oder minder starkes Prickeln, das auf eine verstärkte

Durchblutung schließen lässt. Ich fand es schon immer interessant, dass durch einfache Willenskonzentration eine Veränderung körperlicher Vorgänge erreicht werden kann. So lässt sich ganz gut vorstellen, dass, wenn man das noch weitertreibt, was ich allerdings selbst nicht vermag, man die Fähigkeiten, die z. B. indischen Fakiren eigen sind, erreichen kann. Felicitas Goodman weist auf besondere Trancemethoden hin, die Heilung bewirken. Im Grunde genommen dient jede tiefe Trance dem Heil derer, die sich der Trance hingeben – und möglicherweise sogar derer, die Tranceaktionen miterleben, sei es als Helfende oder auch lediglich als Zuschauer.

Leichtere Trance wie sie etwa bei Langstrecken-Autofahrten auftritt, trägt zumindest zu einer heilsamen Entspannung bei, weil sie langfristigen Stress, der zu Schädigungen führen kann, einfach abschaltet.

Bild 51: Er tanzt den Baris zur Begrüßung der Gottheit Ratu Gede auf Bali. Dabei fallen er und seine Mittänzer in eine heftige Trance.

Bild 52 (rechte Seite): Irular Adimasam-Fest, Tamil Nadu. Die Gottheit Kanniyammal, dargestellt in einem Gebilde aus Niemzweigen und geschmückt mit Ehrengirlanden, wird ins Dorf getragen. Das Mädchen rechts neben dem Träger hat die Augen halb geschlossen – es ist in Trance gefallen.

Blick in die Zukunft

Von Menschen in einer Umgebung lebend, in der Trance in seinen schweren und auffälligen Formen bis vor kurzem kaum vorkam, kann man nicht erwarten, dass sie sich über Trancevorgänge und deren Bedeutung interessieren. Ich bin ja auch erst dadurch aufmerksam geworden, als ich, konfrontiert mit ritueller Trance in Süd- und Südostasien, erlebte und mitbekam, welche ungeheure Bedeutung sie dort hat. Das hat mich dann doch fasziniert. Unweigerlich kommt die Frage auf, ob Trance etwas ist, das auch bei uns wieder eine Rolle spielen sollte. Wäre das gut für uns? Trance ist nicht das Heil und ist nicht das Glück. Aber es ist ein Mittel, das zu Heil und Glück führen kann.

Trance führt nicht ins Unglück. Aber, wer sich den falschen Leuten anvertraut, die Trance missbrauchen, um ihre kriminellen Ziele zu verfolgen, zum Beispiel mit illegalen oder legalen Drogen zu dealen, kann dabei zugrunde gehen. Schließlich kann alles missbraucht werden. Aufpassen muss man schon.

Besonders bei den Irular war gut zu beobachten, wie der ruhige (und oft langweilige) Fluss des Alltags durch ekstatische Feste unterbrochen und aufgelockert wurde. Wir brauchen offenbar die Ekstatik als gesunden Ausgleich. Davon haben uns bisher die Wissenschaftskultur und zum Teil auch die Kirchen abgehalten, weil man zu wissen glaubte, dass die angemessene und „gesunde" Lebensweise des Menschen darin besteht, in ständiger Ausgeglichenheit seiner Vernunft zu folgen. Dass Glück auf Emotionen und zwar auch auf ekstatischen beruht, konnte man oder wollte man auch nicht sehen.

Es ist schon viel gewonnen, wenn wir einfach einmal die heilende Kraft von auch ungewöhnlichen Tranceereignissen anerkennen. (Dazu wollte ich auch ein bisschen was beitragen!) Im Übrigen hat Heilung immer auch eine religiöse Dimension.

Sicherlich die wichtigste Bedeutung von Trance besteht darin, dass sie es ermöglicht, dass wir das Erscheinen des Göttlichen (in uns und/oder außer uns) wirklich erleben. Es könnte auch uns, deren wortblasse Religiosität dem Ansturm der Materievergötterung zu erliegen droht, die Chance bieten, in einer ganz neuen Art und Weise Göttliches wieder zu erfahren – und zwar diesmal nicht nur darüber zu hören, sondern die Anwesenheit des Göttlichen mit allen Sinnen mitzuerleben. Trance ist eben auch ein wichtiges Mittel religiösen Lebens, vergleichbar etwa dem Gebet und dem rituellen Gesang.

Inzwischen verbreiten Trancemusik und Trancetanz das Thema Trance, wenn ich mir auch wünschte, dass die Musik etwa, harmonischer und rhythmisch weniger simpel wäre. Die Ethnomusik – etwa auch ganz unterschiedlicher Herkunft – bietet dafür überzeugende Beispiele.

In den seit 55 Jahren einsetzenden Gegenbewegungen gegen die Mainstream Zivilisation spielt Trance eine Rolle. Das ist auch verständlich, da der dringend erforderliche Umbau unserer Gewinnmaximierungszivilisation in eine wirklich humane Kultur voraussetzt, dass wir uns auch an anderen Kulturen orientieren und dort nach für den Menschen wichtigen Verhaltensweisen suchen. Da fällt dann Trance schon wegen seiner weltweiten räumlichen Verbreitung in unterschiedlichen Kulturen, aber auch wegen seiner sich bis zum Beginn der Menschheitsgeschichte reichenden zeitlichen Dimension auf.

Jedenfalls wird sich jeder Versuch auszahlen, die vorbeugende, heilende und reinigende Kraft der Trance zu nutzen.

Dass das aber doch etwas Anderes wird, als das, was ich in Bali und Indien erlebte, dürfte klar sein. Was ich da miterlebte, hat eine Farbe, die wir hier nicht so ohne weiteres nachmalen können.

Voraussetzung dafür Trance auskosten zu können, ist zu erlernen sich hinzugeben – hinzugeben an Gott oder, wenn man so will, an das Universale schlechthin oder auch an jemanden, den man liebt! Es gilt, das, was uns selbst steuert, abzugeben. Wir werden dann nicht mehr durch Lesen und Zuhören etwas über den Geist des Universums oder das Göttliche erfahren, sondern Gott oder das Universale als anwesend erleben – in uns selbst.

Anhang

Glossar

Allgemein.

Akkulturation
Gewöhnlich drängen dominante Kulturen ihre kulturellen und zivilisatorischen Eigenheiten einer weniger dominanten Kultur in ihrem Einflussbereich auf. Zahlenmäßig kleinere oder wirtschaftlich schwächere Gruppen erleiden so einen herben Kulturverlust. Akkulturation wird häufig durchaus massiv und mit Absicht durchgesetzt von dominanten Kräften, wie etwa durch christliche oder islamische Mission oder durch politisierte Hindu-Fundamentalisten.
Oft erfolgt sie jedoch auch unbeabsichtigt. Die rücksichtslose Durchsetzung wirtschaftlicher Erfolge ist in der Regel mit der Zerstörung von Kultur verbunden. Dies ist nicht beabsichtigt. Die Geschäftsleute wollen Gewinne anhäufen, sind aber weder am Erhalt noch an der Zerstörung einer Kultur sonderlich interessiert. Heutzutage ist der verbreitetste Vorwand für die Austilgung von naturnahen Minderheitenkulturen die Behauptung, dass deren Entwicklung gefördert werden müsse. Doch auch Kulturen, die als schwächer erscheinen, haben ein Recht auf Überleben. Wir sollen sie nun wirklich nicht in Reservate sperren oder sie in touristische Attraktionen verwandeln. Auch effektiver Schutz vor politischer, wirtschaftlicher oder weltanschaulicher Ausbeutung ist dringendst erforderlich.

Amnesie

Gedächtnisverlust. Er erstreckt sich meist über den Zeitraum, in dem ein erschütterndes oder ansonsten beeindruckendes Erleben stattgefunden hat. Normalerweise setzt die Erinnerung über kurz oder lang wieder ein. Die mangelnde Rückerinnerungsfähigkeit nach Ergriffenheit durch eine schwere Trance wird von vielen Autoren als Amnesie bezeichnet. Das dürfte aber nicht ganz stimmen, weil in diesem Falle die Rückerinnerung ausgeschlossen ist. Mir erscheint es eher wahrscheinlich, dass während einer Trance die Wahrnehmung aussetzt oder eingeschränkt wird. An das, was man nicht wahrgenommen hat, kann man sich natürlich auch nicht erinnern – niemals.

ASC

(Altered state of consciousness). Siehe > VBZ Veränderter Bewusstseinszustand.

Besessenheit und Ergriffenheit

Beides sind Trancezustände, die streng voneinander abzugrenzen sind. Leider wird in der Literatur in dieser Hinsicht viel durcheinandergebracht:

Fakt	*Besessenheit*	*Ergriffenheit*
Bewertung	ausschließlich negativ	positiv
Empfindung der Betroffenen	Leidensdruck, Trance, die unerwünscht ist	erwünschte, oft freiwillig eingeleitete Trance
Traditionelle Deutung	Fremdsteuerung durch Dämonen/Teufel	Fremdsteuerung durch Gottheit / Geistwesen
Westliche Deutung	verursacht durch psychische Erkrankung	in rituellem Rahmen angeregt
Dauer	fortwährend bis Heilung erreicht ist	Minuten bis Stunden

Fakt	Besessenheit	Ergriffenheit
Traditionelle Behandlung	Exorzismus, „Teufelsaustreibung"	Keine
Westliche Behandlung	Psychotherapie	Keine

Ergriffenheit oder Fremdbestimmtheit heißt also stets, sich freiwillig einer Gottheit oder einem Geist auszuliefern oder zumindest gegen das Ergriffenwerden keine Einwände zu erheben. Besessenheit erfolgt immer gegen den Willen der Betroffenen. Sie leiden langzeitig schwer darunter.

Delta-Rhythmus
Mit dem EEG lassen sich vier verschiedene, vom Netzwerk des Gehirnes erzeugte Schwankungsbereiche der elektrischen Gehirnaktivitäten aufzeichnen. Die Hirnwellen-Frequenzbereiche werden genannt:
Alpha-Rhythmus
Beta-Rhythmus
Delta-Rhythmus
Theta-Rhythmus.
Der Delta-Rhythmus hat eine Frequenz von 0,1 bis 4 Hertz. Diese Frequenzen treten bei Schlaf auf, aber auch bei Trance. Durch darauf abgestimmte musikalische Rhythmen lässt sich Trance auslösen.

Dissoziative Störung
Erlebnis und reaktive Handlungsmöglichkeiten fallen auseinander. So gelten u. a. Amnesien und Entfremdungsempfinden als dissoziative Störung.
Von manchen Psychologen werden fälschlicherweise Trance- und Besessenheitserscheinungen generell als dissoziative Störungen betrachtet. Trance ist zwar eine Dissoziationserscheinung, aber keine Störung. Etwas Anderes ist es mit der Besessenheit. Sie kann mitunter als Störung wahrgenommen werden. Andere Schulen der Psychologie bezeichnen nur ungewollte Trance-Zustände als dissoziative Störungen.

NGO/NRO
Non-governmental organization (NGO), zu Deutsch: Nichtregierungsorganisation (NRO). Es handelt sich um regierungsunabhängige Vereine, die von sich aus auf dem Gebiet der Entwicklungszusammenarbeit oder des Umweltschutzes tätig werden. Es gibt allerdings auch Organisationen, die den Namen NGO missbrauchen. Unter der Maske sozialer Arbeit folgen sie ihrem Auftrag, sich im Dienste ausländischer Organisationen in die Politik und Wirtschaft des Gastlandes einzumischen.

numinos
Von lat. *Numen* (Gottheit, göttliche Erscheinung). Alles Heilige was den, dem es begegnet, einerseits fasziniert (fascinendum) und andererseits in ihm Furcht und Zittern (tremendum) auslöst.

VBZ
Veränderter Bewusstseinszustand. Das sind Zustände, in denen das Bewusstsein nicht mehr auf die vorherrschende Wirklichkeit reagiert. Tagträume gehören dazu, Nahtoderfahrungen, Zustände in der Meditation, aber natürlich auch Trance.

Vision
Sinnliche Wahrnehmung, für die keine Auslöser in der Welt des Realen festgestellt werden kann. Visuelle Sensationen („Gesichte") sind meist zugleich mit Auditionen (akustischer Sensationen) verbunden.

Bild 53: Bali Penebel Pura Dalem. Während der nächtlichen Calon Arang-Vorführung stehen Männer in den Ecken. Sie fallen in Trance und beginnen extrem zu zittern.

Bild 54: Bali. Der Tempelpriester, der eine Prozession anführt, ist in Trance gefallen.

Bali

amok
Anfall von Dissoziation. Der davon Erfasste wird unvermittelt und unkontrollierbar gewalttätig. Amok wird durch Stress ausgelöst. Der Anfall kann der Amnesie unterliegen.

Atman
Die ewige Seele in ihrer Erscheinung als Individual-Seele. Sie ist letztlich mit der Weltenseele *brahman* als der „äußersten Realität" identisch.

balian
Traditioneller Heiler, Seher, wirkt auch als religiöser Leiter bei Opferzeremonien und Festen mit. Es gibt auch weibliche *balian*. (Der Balian ist kein Priester!).

balian taksu
Heiler, der sich selbst in Trance versetzten kann. In diesem Zustand spricht er mit der Stimme einer Gottheit, eines Dämons oder eines Ahnengeistes zu seinen Klienten.

barong
Mythisches Wesen. Seine Figur, die von zwei (seltener auch nur einem) hineingeschlüpften Männern verlebendigt wird, hat die Gestalt eines Löwen, Drachen oder Ebers. Der *barong* verkörpert in Dramen und Zeremonien eine ein Dorf beschützende Gottheit.

Calon Arang
Witwe mit schwarzmagischen Fähigkeiten, verwandelt sich mitunter in *Rangda*.

dalang
Schattenspieler. Nur der *dalang* darf die Figuren handhaben und sie zum Sprechen bringen. Die auf der Leinwand erscheinenden Schatten sind während des Spieles von den Gottheiten, Dämonen und Ahnengeistern ergriffen. Die Geistwesen steigen herab bzw. herauf über die zu Beginn und am Ende aufgepflanzte baumförmige Schattenspielfigur *kekayonan*. Das Schattenspiel *wayang kulit* wird in Bali ausschließlich im Rahmen eines Tempelfestes oder privater religiöser Feiern vorgeführt.

dupa
Weihrauch. Der aufsteigende Rauch, bildet eine Art Himmelsleiter, auf der die Gottheiten herabsteigen können.

kalinggihan
Trance als Ergriffenheit durch eine Gottheit

karauhan
Trance-Ergriffenheit (Fremdbeseeltheit).

Kasurupan
Ergriffenheit (Fremdbeseeltheit) durch eine Gottheit, einen Ahnengeist oder einen Dämon.

leluur (oder leluhur)
Verstorbene Voreltern, Ahnengeister.

Lontar-Buch
Traditionelle Bücher aus getrockneten Segmenten von Blättern der Lontar-Palme. Die balischen bzw. altjavanischen Schriftzeichen werden eingeritzt und mit Ruß nachgeschwärzt.

Ngurek
Trance-Tanz mit Malaiendolch (*Kris*). Der Tänzer richtet die Spitze des Dolches gegen die eigene Brust. Er versucht mit aller Gewalt sich zu stechen. Die Muskeln sind jedoch derart angespannt, das die Klinge nicht eindringen kann. Er erleidet keine Verletzungen und empfindet auch keinen Schmerz.

Pura
Tempel in Bali. Er besteht aus einem oder mehreren, in der Regel drei hintereinander angeordneten Höfen. Der innerste gilt als der heiligste. In ihm befinden sich die Schreine der Gottheiten und Ahnen.
Die Tempelhöfe sind in Bali nicht überdacht, wohl aber in den Dörfern balischer Transmigranten in Sulawesi. Auf dieser Insel regnet es häufiger und heftiger.

Rangda
Hexenhafte Gottheit, die Seuchen verursacht. Gegenspielerin des Barong. Wird im Drama, das tief in der Nacht im Tempel stattfindet von den Tänzern mit Malaiendolchen (Kris) attackiert. Die negative Erscheinungsform der Gattin Shivas verzaubert daraufhin die Kristänzer. Sie fallen in Trance und richten ihre Krise gegen die eigene Brust.

Ratu Betara Gede
Vorhinduistische, doch auch heute noch stark verehrte Gottheit. Schickt Cholera als Strafe, beschützt aber auch davor und heilt sie. Der Name bedeutet „König, großer Gott". Weil als sein Wohnsitz die Insel Nusa Penida gilt, wird er auch Betara tengahing Segera, Gottheit inmitten des Meeres, genannt.

saput poleng
Das „bunte Tuch" ist ein schwarz und weiß geschachtes Tuch. Weist auf das Prinzip der Bali Kultur „rua bineda" (die zusammengehörigen Zwei, die verschieden sind) hin.

Danach bilden die Urgegensätze

gut	böse
heilvoll	unheilvoll
Feuer	Wasser
männlich	weiblich
Rechts	Links
Berg	See
bergwärts	seewärts
Licht	Schatten
Gesundheit	Krankheit

usw.
zwar echte Gegensätze, gehören aber dennoch unauflöslich zusammen. Das saput poleng ist ein ganz besonders heiliges Tuch und wird zu bestimmten religiösen Anlässen, besonders, wenn >> Ratu Betara Gede verehrt wird, umgebunden.

In fast allen traditionellen Kulturen nimmt man an, dass alles Bestehende nur eine Ursache hat (Monismus) und schließlich alles miteinander verbunden ist. In Bali wird das allerdings besonders deutlich und plakativ dargestellt. Dieses System steht im Gegensatz zu einer Auffassung, dass die Welt durch zwei gegensätzliche feindlichen Prinzipien in Gang gehalten wird, von denen das eine letztendlich der Vernichtung anheimfällt. Dies dualistische Prinzip liegt dem Christentum und Islam zugrunde.

sesembahan
Verehrende Anrufung von Gottheiten, oder Ahnengeistern. Opfer – in der Regel aus Blüten, Reis und Betel – werden dargebracht, Weihrauch entzündet, *tirta* (heiliges Wasser) versprenkelt. Mit *mudras* und *mantras* werden die Geistwesen direkt angesprochen.

Tirta
Das Heilige Wasser wird bei jeder Zeremonie zur Reinigung und Heiligung ausgeteilt.

Bild 55: Trance während einer Prozession in Bali.

Indien

Adivasi
Wörtlich: Ureinwohner. Bezeichnung für die Angehörigen der indischen Stammesvölker. In der Behördensprache werden sie STs (scheduled tribes) genannt.

avishekam
Das Wort bedeutet „besprühen" (auch *abhisheka*). Bei den Irular wird darunter vor allem das Besprühen und Bemalen von Gesicht und Körper mit Farbe – gelber Sandelholzpaste und rotem *kungamam* – verstanden. Die gelbe Farbe gilt als die Farbe der göttlichen Harmonie, die rote als die starke, durchaus auch aggressiver Lebenskraft. Man weiht sich, indem man sich bemalt, den Gottheiten. Man nimmt so zu sagen „ihre Farbe" an.

Drawidische Sprachen
Eigene Sprachgruppe südindischer Ethnien, die – mit der Ausnahme zahlreicher entlehnter Worte – nichts mit Sanskrit oder den anderen nordindischen indoeuropäischen Sprachen, wie Hindi oder Urdu, zu tun hat. Neben dem Tamil in Tamil Nadu sind in Südindien folgende drawidische Sprachen verbreitet: Malayalam in Kerala, Kannada in Karnataka, Telugu in Andhra Pradesh. Auch die Irular-Sprachen gehören zum Drawidischen. Als Zweitsprache beherrschen die meisten Irular Tamil, einige auch Malayalam oder Telugu.

Endogamie/Exogamie
Wenn eine Gesellschaft Heiraten innerhalb einer bestimmten Gruppe erzwingt oder zumindest bevorzugt, so nennt man das Endogamie. Bei der Gruppe kann es sich um eine Gemeinde (lokale Gruppe) oder um eine Klassengruppe (Kaste) handeln. In Sonderheit geht es aber um Verwandtschaftsgruppen. Dabei spielen Heiraten zwischen Cousins oder zwischen Onkel (jüngere Brüder von Vater oder Mutter) und Nichte eine wichtige Rolle. Heiraten zwischen nahen Verwandten sind in Gesellschaften, in denen das junge Paar ins Vaterhaus des Mannes zieht (patrilokale Wohnfolge), für die Frau von gar nicht hoch genug einzuschätzendem Vorteil, da sie dann innerhalb der eigenen Familie lebt und eine gute

Behandlung erwarten kann. Unter den Irular ist Endogamie verbreitet. Endogamie kann bei den Nachkommen organische Schäden hervorrufen. Exogamie ist die Bezeichnung für die ausschließliche oder bevorzugte Heirat außerhalb der eigenen Gruppe, insbesondere das Verbot der Heirat zwischen Verwandten.

Kampfer
Seifiger harzähnlicher Stoff, gewonnen aus dem Holz des Kampferbaumes. Kampferstückchen brennen ohne Docht. Bei einer (>) *puja* lässt man ein Tablett, auf dem *alam* (Kurkuma-Wasser mit Kalk) liegt, mit einem flammenden Kampferstückchen vor einer Statue oder symbolischen Repräsentation einer Gottheit, aber auch vor einer Person, die geehrt werden soll, kreisen.

kolam
Ornamentale, glückbringende Zeichnung, die aus Reismehl mit den Fingern vor der Haustür auf den Boden gestreut wird. Die indische Hausfrau oder die älteste Tochter reinigt jeden Morgen bei Sonnenaufgang mit dem Besen und mit einem Wasserguss ein Stück Erde, um darauf das dekorative Zeichen zu streuen. An Festtagen werden überall in und außerhalb der Häuser solche *kolam* angelegt – in großem Format und auch in Farbe.
Die Irular fertigten früher ausschließlich weiße, heute anlässlich des Pongal-Festes auch farbige *kolam* an. Die nordindische Bezeichnung für *kolam* ist *rangavalli*.

komanam
Hüfttuch für Männer, vor allem von der ländlichen Bevölkerung getragen.

kovil/kojil
Tempel. Besteht in seiner einfachsten Form aus einer Vorhalle (> *mandapam*) und einer Cella (> *vimanam*) für das Kultbild bzw. Kultsymbol

kungamam
Roter Brei aus Safran, Zitronensaft, Wasser und Kalk. Daraus besteht u. a. der rote Punkt (> *pottu*), den verheiratete Frauen auf der Stirn tragen.

mandapam
Vorhalle vor der Eingangsseite der > *vimanam* eines Tempels. Besteht bei kleineren Tempeln lediglich aus einem durch Pfeiler, Säulen oder auch Baumstämmen abgestütztem Dach – sozusagen einem Baldachin (> *pandel*) aus Stein oder Holz. In der *madapam* halten sich die Andächtigen auf, um zu opfern und anzubeten. Der Vorbau schützt sie vor Sonne und Regen.

natham
Ansiedlung Wohnungsloser in kleinen Hütten auf landwirtschaftlich nicht nutzbarem Staatsland. Nach 5 Jahren muss eine Bußzahlung entrichtet werden. Nach 20 Jahren besteht ein Anrecht darauf, das besetzte Land gegen ein Entgelt in Eigentum umzuwandeln (*patta* Land). Vor Ablauf der Zwanzig-Jahres-Frist können die Behörden jedoch jederzeit eine anderweitige Nutzung des Landes beschließen und die Siedelnden vertreiben. Und so etwas geschieht auch recht häufig. Die entsprechenden Weiler haben einen eigenen Namen mit dem Zusatz *natham*.

pandel
Mit Stoffbaldachin überdachte und mit Palmwedeln geschmückte Bühne. Das Ganze besteht aus einem Bambusgerüst. Es wird bei feierlichen Empfängen benutzt. Wenn ein Festtag, ein Jahrestag oder der Tag des Sportes gefeiert wird, dann wird dort auch an der Front des Festplatzes ein *pandel* für die Ehrengäste errichtet. Einige Irular verdienen ihren Lebensunterhalt mit dem Errichten derartiger Bühnen.

perumal
Bedeutet „berühmt". In Tamil Nadu übliche Bezeichnung für den Gott Wishnu und für seine Tempelanlagen.

pottu
Mal auf der Stirn mit glückbringender Bedeutung. Stellt das „dritte Auge" der (>) Shakti dar. Unverheiratete Mädchen tragen ein schwarzes, verheiratete Frauen ein rotes *pottu*. Traditionell war es Witwen untersagt, dies Zeichen auf ihre Stirn aufzutragen. Normalerweise besteht der kleine rote Kreis aus *kungamam*, einer Paste aus Wasser, Safranpulver, Zitronensaft und Kalk. Heute gibt es auch selbstklebende *pottu*-Male aus dünner Kunststoff-Folie.

puja
Opfer und Anbetungszeremonie für eine Gottheit. Die einfachste Form einer *puja* ist das Aufschlagen einer Kokosnuss.

Shakti
Sanskritwort, bedeutet wörtlich: Energie, Kraft, Fähigkeit. Die Gefährtin eines Gottes wird als seine Shakti bezeichnet. So ist Devi Durga oder Devi Kali die Shakti, und damit die schöpferische Energie von Shiva. Devi Lakshmi gilt als die Shakti von Vishnu. Die tamilischen *Dalits* sehen auch Mariamman als Shakti Shivas an. Die spezielle religiöse Gruppe der Shakti-Verehrer – die das Kastensystem nicht akzeptieren – wenden sich an Shivas Gattin in ihrer Erscheinungsform als Durga, Kali oder Candi, meinen aber letztlich Mahadevi, die große Göttin, als die äußerste göttliche Wirklichkeit, die *ultimate reality* in ihrer weiblichen Form.
Für Gottheiten, aber auch für Menschen gilt in der indischen Religion und Philosophie, dass alles Weibliche dem beweglichen, schöpferisch wirkenden, aktiven (*prakriti*), alles Männliche dem unveränderlich ruhenden Halt gebenden, passiven Prinzip (*purusha*) zugeordnet wird.
Wir nehmen heute an, dass die Verehrung der Mahadevi ein südindisch-drawidischer Beitrag zur hinduistischen Religion ist. (Die indische Form von Gottheit wird lateinisch sowohl Devi, als auch Dewi umschrieben.)

Shiva
Lord Shiva gilt als die höchste Gottheit des Hinduismus und wird vor allem in Südindien verehrt. Seine (>) Shakti ist Parvati (Tochter des Himalaya). Andere Erscheinungsformen von ihr sind Devi Uma, Durga und Kali. Shiva bildet zusammen mit Wishnu und Brahma eine Göttertrinität (*Trimurti*). Die indischen Gottheiten gelten nicht als unsterblich. Sie sind lediglich Teil-Manifestationen der „letzten Realität", die dem ewigen göttlichen Urprinzip entspricht.

taliver
Vorsitzender, Leiter. Auch das Oberhaupt eines Irular-Weilers trägt den Titel *taliver*. Die Umschrift *taliver* entspricht dem Gehöreindruck. Bei einer genauen Umsetzung der tamilischen in lateinische Buchstaben, würde das Wort mit „*talaivar*" umschrieben.

trishula
Dreizack. Attribut von Lord Shiva und von seinen Gefährtinnen. Wenn beim Formen von Kanniyammal durch die Irular von ihr Dreizack-Attribute in die Erde gesteckt werden, beweist dies, dass sie mit einer Gefährtin von Shiva, vor allem mit Kali, gleichgesetzt wird.

vimanam
Fensterlose Cella eines Tempels, in der sich das Götterbild und/oder die Attribute der Gottheit befinden. Das Idol ist durch die Tür hindurch zu sehen. Vor dem Eingang in die *vimanam* ist die offene Vorhalle *mandapam* angefügt. Die einfachsten indischen Tempel bestehen lediglich aus *vimanam* und *mandapam*. Die Bedeutung der *vimanam* als Stätte der Gottheit wird durch die Überwölbung mit einer Kuppel hervorgehoben. Nur sehr schlichte Dorftempel haben eine *vimanam* mit flachem Dach.

Zedrach
Indischer Flieder. Der Zedrach-Baum (melia azedarach) ist zwar nicht mit dem Niembaum (azadirachta Indica) verwandt, besitzt aber ähnlich wirkende medizinische Inhaltsstoffe.

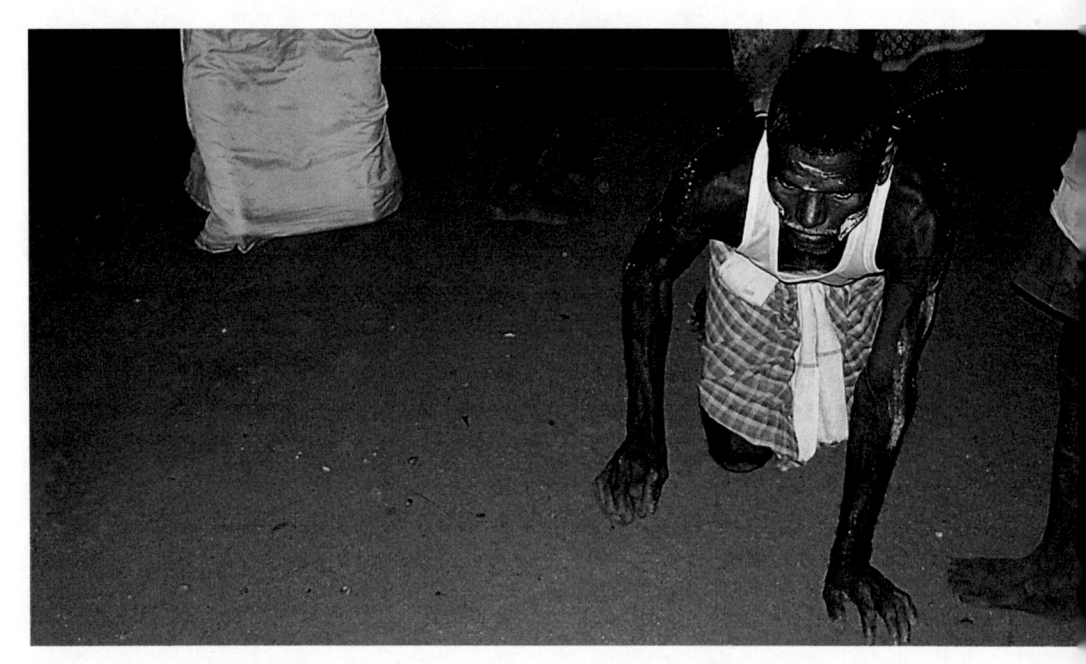

Bild 56: Jahresfest der Irular-Adivasi: Er ist von einer Tigergottheit ergriffen.

Bild 57: Tamil Nadu, Adimasam Fest der Irular: Er schreit laut und schlägt sich die Schneide des Kurzschwertes gegen die eigene Brust.

Afrobrasilianischer Kult (Candomblé)

Axé
Die kraftvolle Energie der (>) Orixás. Sie durchpulst Bäume, Wind und brandende Wogen, die ganze Natur. Durch Trancetänze kann sie auch im Menschen erweckt werden und als seine leiblich-seelische Selbstgewissheit ausstrahlen.

Babalorixás und Yalorixás
Die höchsten männlichen und weiblichen spirituellen Vertrauenspersonen im Candomblé. Sie sind mehr als nur Priester, denn sie reden nicht nur und leiten Riten, sondern weissagen auch und heilen mit Hilfe der Orakel. Sie erkennen Störungen der Harmonie und der körperlichen und seelischen Ganzheit. Sie finden heraus, welche Rituale, Kräuterbäder, Waschungen und Riten für die Reinigung und Wiederherstellung der geistigen und körperlichen Gesundheit erforderlich sind.
Die höchste Form ihrer Initiation zu erreichen, erfordert eine Ausbildung von 21 Jahren.
In den Ritualen nehmen sie die Rollen der Orixás an. Frauen spielen im Candomblé eine ganz bedeutende Rolle. Sie leiten die Rituale und sind in der Ausbildung tätig.

Bahia
Provinz im Nordosten Brasiliens. In der Hauptstadt Salvador da Bahia hat sich der Candomblé-Kult entwickelt. (Übrigens ist auch der Samba dort entstanden.) Bis heute befindet sich dort das Zentrum des Kultes.

Ifa
(>) Orakel

Ilê Obá Sileké
Das Kulturzentrum der Candomblé Gemeinde Berlin, untergebracht im Forum Brasil e. V. Es enthält auch das Heiligtum *terrereiro* (Tempel).

Kosmogonie (Welterschaffung)
Der höchste Gott > Olorun hat zunächst die > Orixás im Himmel geschaffen. (Oder sie lebten von Anbeginn an zusammen mit ihm dort.) Olorun

hat dann diese göttlichen Geistwesen auf die leere und wüste Erde entsandt, um die Natur, die Tierwelt und die Menschen innerhalb der Yoruba-Woche von vier Tagen zu erschaffen.
Zugleich werden die Orixás als vergöttlichte Ahnen verstanden.

Olurun
Höchste Gottheit, auch Oludumare genannt. Sie unterliegt keiner Begrenzung durch die Geschlechtlichkeit und ist selbst so abgehoben, dass sie sowohl der direkten Verehrung durch den Menschen, als auch der Fürsorge für ihn entrückt erscheint. Deswegen fungieren als Mittler zwischen Olurun und Mensch seine Beauftragten, die > Orixás.

Orixás
18 (oder auch mehr) göttliche Geistwesen mit speziellen Eigenschaften, Farben, Melodien und Symbolen, aber auch Formen der Anrufung. Ihre Namen sind:

Exú
Der Bote der Orixás. Er vermittelt zwischen Orixás, zwischen Menschen, und zwischen Menschen und Orixás. Zuständig ist er für Orakel. Zu Beginn aller Riten hat man sich an ihn zu wenden. Fühlt er sich vernachlässigt oder wird er eifersüchtig, zeigt er sich von seiner sehr tückischen Seite. Farben: Rot und Schwarz.

Ogum
Herr der Metalle, Beseitiger von Hindernissen, das Blut in unseren Adern. Er kann gewalttätig werden. Farbe: Blau.

Oxossi
Jäger und kundiger Waldbewohner, Kunstliebhaber, Wächter der Axé.
Farbe: Hellblau

Ossayin
Herr der Heilkräuter, der Blätter und Rinden, Hüter der Axé.
Farben: Grün und Weiß.

Obaluaiê
Bedeutet König und Eigner der Erde. Schickt Krankheit und heilt sie auch, Herr der vorbeugenden Medizin und der Medikamente, die Augen der Sonne. Farben: Schwarz und Weiß.

Xango
Herr über Donner und Blitz, himmlisches Feuer, Leben und Tod. Kämpfer gegen Unrecht. Farben: Rot und Weiß.

Iroko (weiblich und männlich)
Heiliger Lebensbaum, Baum der als einziger die Weltenkatastrophe überlebt, auch Zeit und Wetter. Eng mit den Ahnengeistern verbunden. Farben: Grün, Weiß und Beige.

Oxumaré
6 Monate weiblich und Schlange, 6 Monate männlich und Regenbogen. Steht für Glück und Wandlung. Farben: Gelb und Schwarz.

Yansã
Frau Xangos, ungemein starke Orixá der Winde, Stürme, des Niger. Sie geleitet die Verstorbenen in den Himmel. Farbe: Rot.

Oxum
Orixá der Liebe. Verführerischer und schöner als alle anderen. Sie ist frisches Wasser, Süße, Sensibilität, Unschuld, zugleich hinterhältig schlau, verlogen und verschlagen. Farben: Gelb und Gold.

Logun-Edé
Patron der Homophilen, Mischung aus Wasser und Erde, Schönheit und Kampf, schönster der Orixás, Schutzherr der Fischer und Jäger. Farben: Hellblau und Gelb.

Yemanjá
Orixá des Meeres und der Mutterschaft, Mutter der Menschheit, Patronin der Seefahrer. Farben: Hellblau und Weiß.

Obá
Sie ist die Orixá des süßen Wassers, der Flüsse, der Wasserfälle. Farben: Rot und Kupfer.

Yewá
Orixá der Gewässer, auch der Gestirne. Farben: Gelb und Rot.

Nanã
Mutter Erde. Sie geleitet durchs Leben und verfügt über den Tod. Gilt als die älteste der Orixás. Sie ist der Sumpf, gemischt aus Wasser und Erde. Farbe: Lila.

Ibejis
Weibliche Zwillingsgottheit, zuständig für Fröhlichkeit und Glücksempfinden, Schutzgottheit der Kinder. Farbe: Bunt.

Oxaguiam
Männlicher Orixá der Schöpferkraft und Gerechtigkeit, des Fortschrittes und der Kultur, aber auch des Krieges. Kann aggressiv sein. Sohn von Oxalufam. Farben: Weiß.

Oxalufam
Männlicher Orixá der Gerechtigkeit, lebt mit seinem Sohn Oxaguiam zusammen. Überzeugt nur durch Argumente, hält nichts von Gewalt. Farbe: Weiß.

Die Orixás sind völlig verschiedene Wesenheiten mit unterschiedlichem Charakter, der aber immer weiße und zugleich schwarze Züge enthält. Sie alle haben jeweils eigene Tänze, Rhythmen, Gesänge, Gebete und Opferspeisen. In der Trance werden die Menschen, vor allem die spirituellen Leiter, von ihnen ergriffen und verwandeln sich in Träger der Orixáseelen.
Jeder Anhänger des Candomblé hat seinen eigenen Oriksá, der ähnlich wie ein Schutzengel wirkt.

Orakel (Ifa)
Mit 16 Kaurimuscheln – jede davon steht für eine Gottheit – wird auf einem Tablett „gewürfelt". Aus den Formen, die sich dabei bilden, wird durch die Yalorixá/den (>) Babalorixá die Orakeldeutung vorgenommen. Der erste Wurf dient der Ermittlung der antwortwilligen Orixás, danach können auch spezielle Fragen gestellt werden.
Zur Diagnose und Heilung wird das verborgene Orakel (jogo de bùzios) zu Rate gezogen.
Der amtierende Oberpriester oder die Priesterin belebt dabei die lebensvolle Selbstwahrnehmung (> axé – Einheit mit sich selbst) des Patienten. Das Orakel sagt aus, welche reinigenden Kräuterwaschungen, Rituale, auch Tänze, Bäder und Tees dem Ratsuchenden zur Gesundung verhelfen. Entscheidend dabei ist jedoch der gemeinsame Trancetanz der Priester und Ratsuchenden nach dem jeweils ganz eigenen Rhythmus der jeweils helfenden Orixás.
Für jeden neu in die Kultgemeinschaft aufzunehmendem Initianten ermitteln die spirituellen Leiter seinen persönlichen Schutz-Orixá. Und der prägt seinen Charakter.

Orum
Himmel, Sitz der göttlichen Geistwesen. (> Kosmogonie)

Tanz
Im Zentrum der Rituale steht der Tanz. Er ist ein Appell an die jeweils angesprochene Orixás die Tanzenden zu ergreifen, sie also temporär in Trance zu versetzen. Die in Trance Tanzenden repräsentieren dann die entsprechenden Orixás. Jedem Orixá stehen seine eigenen nur ihm vorbehaltenen Tanzrhythmen zu.
Candomblé-Musik ist heiße rhythmische afro-brasilianische Musik. Das macht seine Anziehungskraft für Jugendliche in Südamerika aus. Und die entgehen dadurch dem Schicksal, im Straßenproletariat zu versinken.

Umbanda
Vorwiegend auf Brasilien beschränkter neuerer Kult. Umbanda wird gerne mit Candomblé in einem Atemzug genannt, ist aber ein durchaus eigenes religiöses System in Form einer synkretistischen Mischung aus Katholizismus, Spiritismus und Yoruba-Elementen.

Die Tatsache, dass ebenfalls die Orixás verehrt werden, verführt dabei dazu, die beiden Kulte als wesentlich stärker zusammengehörig darzustellen, als sie es tatsächlich sind.

Voodoo
Ein afrikanischer synkretistischer Kult, ausgeübt vor allem in Haiti und im Süden der USA. Im Voodoo-Kult spielen Zaubersprüche, Beschwörungen und Amulette eine bedeutende Rolle. Candomblé, Umbanda und Vooddoo sind eigenständige Kulte, die auch als solche gesehen werden sollten.

Yoruba-Religion
Die Yoruba sind ein Volk mit eigener Sprache, Kultur und Religion. Hauptwohngebiet ist die westafrikanische Region Nigerias und Benins. Die als Sklaven geknechteten Yorubas haben ihre Religion mit nach Amerika gebracht. Candomblé ist aus der Yoruba-Religion heraus entwickelt worden. Beide Kulte kennen die Orixás und in beiden habe diese ganz ähnliche Namen und Charaktere.

Bild 58: Bali, Tenganan, Tempelfest: Neben den Männern, die den Kris gegen sich richten, fallen auch Frauen in Trance. Sie benutzen aber keinen Kris, sondern tanzen mit ausladenden Bewegungen.

Stichwortverzeichnis

A

Adimasam 80, 84, 94, 126, 132, 150, 162
Adivasi 9, 18, 29, 42, 79, 80, 92, 113, 145, 149, 167
Aleviten 31
Amok 54, 140
Anderswelt 41, 44
Antike 44
Ärger 35, 37, 129
Aufklärung 15, 123
Aurignacien 29, 43, 45
autogenes Training 39
Axé 151, 152

B

Babalorixá Muralesimbe 100, 102, 106, 127
Bali 3, 9, 19, 24, 25, 26, 31, 37, 38, 47, 49, 54, 56, 57, 60, 63, 65, 67, 70, 72, 73, 74, 76, 78, 80, 81, 83, 93, 105, 113, 117, 118, 120, 122, 123, 126, 127, 128, 131, 134, 139, 140, 141, 142, 143, 145, 157, 163, 164
Balian 24, 60, 61, 63, 76, 141
Baris 63, 131
Barong 26, 69, 71, 142
Berauschtheit 11, 111
Besessenheit 53, 78, 115, 136, 137
besinnungslos 25
Bewusstsein 11, 12, 22, 26, 28, 49, 50, 78, 93, 102, 111, 120, 127, 138

Bibel 30, 113
Bollywood 29
Brasilien 3, 100, 108, 120, 155

C

Calon Arang 19, 69, 70, 72, 117, 118, 139, 141
Candomblé 17, 26, 100, 101, 102, 105, 106, 107, 108, 109, 127, 151, 154, 155, 156, 165
Chassidim 30, 113
Christentum 51, 101, 108, 113, 143

D

Dämonen 33, 36, 44, 48, 72, 78, 136, 141, 163
Dedari Tänze 26
Derwische 115
Dominanz 33, 34
Durga 26, 148

E

Eliade, Mircea 163
Entrücktheit 9, 12, 21
Ergriffenheit 11, 13, 33, 50, 51, 53, 124, 125, 127, 136, 137, 141, 142
Erschauern 23
Ethnologie 125
Euphorie 52, 53, 129
Exorzismus 137

F

Flagellanten 115
Fremdbeseeltheit 15, 142

G

Geistwesen 13, 15, 47, 53, 78, 101, 104, 105, 125, 136, 141, 144, 152, 155
Glück 34, 133, 153

H

Harmonie 34, 96, 145, 151
Heilung 53, 112, 129, 131, 133, 136, 155, 164
Hilfsgeister 116
Hingabe 28, 33
Höhle 25, 45, 60
Hunger 167
Hyperventilieren 31, 35, 37, 39
Hypnose 37, 53, 112, 130

I

Indianer 80
Indien 9, 13, 20, 26, 31, 39, 47, 49, 80, 85, 120, 134, 145
Indonesien 20, 37
Irular 14, 18, 42, 49, 79, 80, 81, 82, 83, 84, 89, 92, 93, 95, 96, 99, 105, 110, 113, 126, 127, 132, 133, 145, 146, 147, 148, 149, 150, 164, 166, 167, 168
Isoliertheit 17

J

Jagdzauber 41
Jesus 44, 53
Judentum 30

K

Kali 13, 36, 44, 46, 148, 149
Kanniyammal 49, 81, 82, 86, 88, 132, 149, 166

Kirche 100, 115
Konkurrenzdenken 127
Kosmogonie 151, 155
Krankheit 41, 53, 57, 75, 143, 153
Kreativität 47, 52
Kris 70, 122, 124, 127, 142, 157

L

Lebensbaum 40, 153
leichte Trance 22, 25, 26, 39
Lontarbücher 57

M

Mänaden 111
Messerdrohen 127, 128
Musik 12, 19, 25, 26, 28, 29, 30, 33, 35, 39, 134, 155
Mystik 50, 115

N

Neopaganismus 116
Neoschamanismus 116
Niembaum 82, 149
Nirwana 41

O

Odysseus 44, 60
Olorun 151, 152
Opfer 60, 71, 81, 82, 85, 93, 144, 148
Orgasmus 50, 51
Orixá Yansã 102, 103, 105, 108

P

Paulus 114, 115
Peitsche 88, 89, 93
Priester 33, 37, 38, 63, 68, 73, 141, 151, 155
Psalm 30
Psychologie 12, 125, 137, 163
Pura 26, 56, 57, 70, 139, 142

R

Rangda 69, 141, 142
Ratu Gede 37, 38, 54, 55, 57, 58, 59, 62, 63, 64, 65, 66, 67, 123, 128, 131
Reinigung 41, 129, 144, 151
Religion 17, 19, 67, 100, 101, 102, 107, 148, 156, 167
Rituale 19, 81, 100, 104, 107, 151, 155
Rohes Fleisch 20
Rom 33, 50, 116

S

Samba 29, 151
Schamanismus 40, 43, 44, 108, 111, 112, 116, 119, 120, 121
Schattenspiel 19, 71, 72, 141
Séance 76
Semah 31
Sex 51, 163
Shanjivi 81, 82, 83, 84, 95
Spiritualität 31
Sufis 31
Suizid 54
Syrtos 29

T

Tagtraum 11
Tantrismus 51
Tanz 19, 25, 28, 29, 30, 31, 33, 35, 69, 107, 115, 142, 155, 163
Tempel 10, 26, 56, 57, 59, 63, 71, 100, 117, 142, 146, 149, 151
Teresa von Avila 50, 115
Theater 37, 71
tiefe Trance 13, 19, 25, 58, 83, 88, 106, 110, 114, 115, 129, 131
Tiergestalt 20, 40
Tigergottheit 149
Tirta 63, 144
Tod 44, 68, 69, 72, 76, 89, 153, 154
Totenwelt 44

Trancehaltungen 45, 47
Trancemedium 24
Trancetanz 28, 29, 30, 31, 33, 35, 113, 134, 155
Transkulturalität 121, 122
Traumzeit 41
Trommeln 47, 86, 93, 104

U

Umbanda 155, 156
Urgegensätze 63, 108, 143

V

VBZ 10, 11, 52, 136, 138
Verengung 11, 12, 15
Verschmelzung 19
Verzückung 50, 114
Visionen 20, 41, 45, 47, 49, 52
Voodoo 156

W

Wahrnehmung 11, 12, 23, 41, 52, 95, 136, 138
wayang kulit 141
Weissagungen 67
Weltsicht 16, 17, 108

Z

Zahnfeilung 72, 73
Zigeunermusik 25
Zittern 47, 49, 50, 104, 138
Zivilisation 12, 15, 16, 17, 28, 33, 101, 102, 111, 116, 119, 130, 134
Zukunft Irular 167, 168
Zusammenbruch 66, 76, 89, 91, 99, 106, 129

161

Bild 59: Irulardorf Kollamedu: Rituelles Reiszerstampfen anlässlich des Adimasam Festes. Der schnelle Rhythmus des Stampfens versetzt die Frauen in Trance.

Literatur

1. Büttner, Jörg: Trance – Scharlatane und Schamanen, 2001

2. Eiseman, Fred B.: Bali – Sekala + Niskala, Bd 1, Berkerley 1989

3. Eliade, Mircea: Trance und archaische Ekstasetechnik, Zürich, Stuttgart 1954

4. Fargas, Manuel: Sex in Trance, 2002

5. Findeisen, Hans, Gehrts, Heino: Die Schamanen, Köln 1983

6. Fries, Jan: Seidwärts – Schütteltrancen, Siedezauber, Schlangenmysterien, Bad Ischl 2004

7. Goodman, Felcitas: Wo die Geister auf den Winden reiten, Freiburg/Br. 1989

8. Halifax, Joan: Die andere Wirklichkeit der Schamanen, Bern und München 1984

9. Kakar, Sudhir: Ecstasy, a novel, New Delhi 2001

10. Kakar, Sudhir: Schamanen, Heilige und Ärzte, München 1984

11. Kaiser, Rudolf: Indianische Heilkunst, Freiburg/Br. 2013

12. Kreutzberg, Lola: Tiere, Tänzerinnen und Dämonen, Dresden 1929

13. McCauley, Ann Pembrooke: The Cultural Construction of Illness in Bali, Berkerley 1984

14. Natale, Frank: Trance Tanz, Berlin 1993

15. Oldeman, Huub: Religie in de cultur van de armoede, Promotionsarbeit, Gronningen 2005

16. Ornstein, Robert: Psychologie des Bewusstseins, Frankfurt 1976

17. Spitzing, Günter: Heil und Heilung bei Ureinwohnern, Tattva Viveka, 55, Mai 2013

18. Spitzing, Günter: Die Irular, asu poleng Hamburg 2002

19. Spitzing, Günter: Die Schattenwelt Indonesiens, asu poleng, Hamburg 2002

20. Spitzing, Günter: Fotopsychologie, Weilheim und Basel 1985

21. Spitzing, Günter: Trance in Bali, Jahrbuch für Ethnomedizin Nr. 6 - 7, Berlin 2000

22. Suryani, Luh Ketut and Jensen, Gordon D.: Trance and Possession in Bali, Kuala Lumpur 1993

Websites

- Wikipedia Trance

- http://www.jonhardeman.com/candomble.C3A9

- http://www.btonline.de/krankheiten/konversionsstoerungen/konversionsstoerungen.html (Das Psychotherapie Online Magazin)

- http://www.bewusstseinszustaende.de/index.php?id=98
- (Trance und Besessenheits-Zustände), Prof. Dr. Torsten Passie

- www.ile-oba-sileke.de (über Candomblé)

- www.religionsphilosophischer-salon.de/100_die-brasilianische-religion-candomble-in-deutschland_interkultureller-dialog.

Bild 60: An den Festtagen sind die Kinder der Irular vergnügt. Denen hier im Bild wird bereits eine schulische Ausbildung ermöglicht. Sie haben also gute Gründe dafür, vergnügt zu sein. Sie bewegen sich schneller als die Adimasasm-Prozession. Die hält hinter ihnen immer wieder an, weil Menschen vor dem Niemzweig-Idol der Göttin Kanniyammal in Trance geraten.

Anzeige gespendet vom Verlag:

Zukunft Irular e.V. setzt sich für das Überleben der Kinder von Ureinwohnern ein.

Die Irular, die Gruppe von Adivasi in Südindien, deren Trance-Verhalten in diesem Buch ausführlich beschrieben ist, gehören zu den bedrohten Völkern. Aus ihren Wäldern, in denen sie gut lebten, wurden die einstigen Jäger und Sammler vertrieben. Ohne Chance auf Ausbildung, bekommen sie nur schlechte und unterbezahlte Arbeit. Sie erleiden Hunger, weil sie kaum ein Einkommen haben.

Der Autor Günter Spitzing ist mit den Irular aus einigen Gemeinden eng befreundet. Er gründete die in Hamburg ansässige Organisation Zukunft Irular e. V., die die Aufgabe hat, die Situation der Irular so weit zu verbessern, dass sie die Chance erhalten, ein lebenswertes Leben zu führen. Das geschieht so:

+ Die Kinder, von denen vor dem Eingreifen Spitzings keines die Schule besuchte, erhalten eine möglichst gute, ihrer jeweiligen Leistungsfähigkeit und Motivation angepasste Ausbildung, damit sie ohne Hunger selbstbestimmt leben können.
+ Der Mangelernährung der Kinder, die ihre körperliche und geistige Gesundheit bedroht, wird durch eine gute und auskömmliche Schulspeisung entgegengewirkt.
+ Die Erwachsenen erhalten eine Ausbildung in verschiedenen Fertigkeiten. Das erlaubt ihnen, ihr Einkommen ganz wesentlich aufzubessern.
+ Die ausgedehnten und vielfach noch unerforschten Heilpflanzen-Kenntnisse der Irular sollen der Welt erhalten bleiben. Gleichzeitig erschließen wir Möglichkeiten, die Heilpflanzen anzubauen und zu vermarkten. Das ist eine zusätzliche Einkommensquelle für die Irular. Der Lebensstandard verbessert sich.
+ Die menschenfreundliche Kultur der Irular, in der zum Beispiel die Frauen gleichberechtigt sind, soll vor der drohenden Zerstörung bewahrt werden. Die Adivasi sollen nicht auch noch aus ihrer Kultur und ihrer Religion, als ihrem geistigen Zuhause vertrieben werden.
+ Das angeschlagen Selbstbewusstsein der Unterdrückten und Ausgebeuteten wird aufgebaut, sodass sie in die Lage kommen, ihre eigene Entwicklung voranzutreiben. In dieser Hinsicht ist die Förderung der Irular sehr gut vorangekommen.

Zukunft Irular sucht zurzeit Paten für Kinder aus einem bettelarmen Dorf. Der Verein ist darauf angewiesen, um Ernährung und Ausbildung der Kinder zu sichern.
Bitte wenden sie sich an eine der folgenden Email- oder Telefon-Adressen:

spitzinggu@aol.com	040 6013881	Günter Spitzing
f.k.j@web.de	040 0172 6030492	Judith Futár-Klahn
kirsten-vom-heu@gmx.de		Kirsten vom Heu
marinaschmid@gmx.de	040 3089 6323	Marina Schmid

Spendenkonto: Günter Spitzing (Irular) Commerzbank Hamburg
Iban: DE 96 2008 0000 03330 4423 00
BIC: DRESDEFF200